どこまでも我が影踏まん遍路哉

漂流遍路者の捨句旅

尾宮 謙
ONOMIYA Ken

文芸社

人間にとって「道」がまだ、異界の世界であった頃、
道という漢字が「首」を掲げて歩むという意味で包まれた世界であったように、
そのように「道」を歩いてみたいと願っているのだった。

私にとって「遍路」とは、ただただ歩く行為であった。
だが、歩く行為は、世界を見出す行為でもあった。
世界は待っていた、急がない私を。

私は、これらを再び遇《あ》えない人に向けて残した。
いや、遇えない人に遇うことができた。
それもまた遍路の旅であった。

目次

プロローグ～「杖」をえらぶ

夏遍路を終えた時の私の最後の捨句は、「ここよりは　どこを打たむか　旅遍路」であった。

あれから数年後、私は妻や家族と別れ「路上生活者」になった。

住み慣れた住居や暮らしの一切、積み上げてきた仕事を捨て、ホームレスになり、漂流者になり、「ノマド」の道に踏み出した。若い頃ならいざ知らず、還暦過ぎのジジイの選択であれば、それは無謀な捨て身の決断でもあった。


交わりのあった人々との連絡を絶っての数年間、人の群れに近づくこともなく、日本の長い海岸線を彷徨う、宿無しの流浪者として過ごしていた。

私は気取って「海抜ゼロメートル漂流」と称して、自分事を慰めていた。

日本中の海辺景観や湊町の風物や波音は孤独な私を慰藉し励ましてもくれたが、途方に暮れた子供時代のような日々も続いていた。その間、独り遊びだけが妙に上手になった。

独り身の自由は手に入れたが、それが本当の自由だとは思えもしなかった。

流浪旅の日々に私を襲うものは、捨ててきたものの重さや、犯した過ちや、生きている愛おしさや淋しさや、もう会えない人のことなど、自分の漂流現住所の生身の姿であった。

自由になって、あらゆるものから離れようとしてきたが、旅はいっそうそれらを浮き上がらせ、私を無口な逃亡者にさせるだけだった。
当時に詠んだ稚拙な詩がある。センチなジジイの告白詩に過ぎないのだが。

漂流者

こんなに遠くに来てしまっては　戻れない
呼び声も聴こえず　手招きする月が細い

漂流者よ　還り着く港を失った者よ
いつの日か君が海の色に染まり、溢れんばかりになった時
想い出は銀の小波に流れ　埠頭に咲く花のように
ひっそりと風に笑える日が来るのだろうか

漂流者よ　風に泳ぎ　陽に焼かれ
潮の匂いにまみれ　還り着く故郷をなくした旅人よ

旅先の泊が今日のねぐら　お前の住所
孤独は醸されてお前をますます細くするだろう

記憶の木端が岬の断崖に砕けて散っていく日々
漂流者よ　幾億万の粒子の海を泳ぐ
寄る辺なき水母の群れよ　世迷い人よ
悔悟の海流の冷たき黒き速さよ

銀河の軌道を外れて　辺境を彷徨う迷子の人よ
もう　お前の魂は戻ってこないだろう
かつてカシオペアに近くオリオンのほとりで
頭を冷やし身体を包んだ　優しい故郷や家族は遠い

まどろむな　海流に漂う水母よ
透明な哀しみに日々を食事せよ
旅は誰に知られもせず終わるだろうが

嘆くな　出逢ったものたちはそこに在る
永劫の時にさらされ　そこに在る
戻れない漂流者よ　老いゆく人よ
旅は始まったばかりで　いつ終わるか　誰も　知らない

おそらく　お前のなしたることの
これが結果である

小さな車一台が漂流時の大事な相棒であった。

寒い季節には南をめざし、暑い季節には北の海辺を彷徨した。それが理にかなう旅の在り方であった。手元には各地の渚で拾った流木や渚の石片や貝殻が多く集まった。

「海抜ゼロメートル漂流」と名付け、旅の記録を記し、渚の石コロに、俳句ならぬ「捨句」を印し、海に投げ捨てたり、岬の神社や堤防の隅にそっと置いてきた。

それは誰にあてするものでもない「石文」であった。

そこに、東日本大震災と「想定外」の原発事故が起きた。

急ぎ車を動かし、被災した各地の港町を訪ね、ボランティア生活に加わった。私は、被災する前年に、三陸リアス式の宝珠のような港町を、くまなく、ゆっくり、時間をかけて彷徨っていた。ゆえに、そこには、愛する海辺の町が幾つも幾つも落ちていた。当然、私の濃密な「ひとり時間」も落ちていた。それらを拾い上げることをも願うボランティアだったが、震災前の美しい光景との激的落差に心底戸惑うばかりであった。地球のはらわたをえぐり出したような光景に、自分事など打ち忘れ、ただ立ち尽くすしかなかった。

被災浜の景観は当時の私の心象風景に近いものではあったが、私は各所で様々なボランティアを重ね、最後は半島の小さな浜での仕事に汗を流した。

その浜に入ってくるボランティアは少なかったが、水道や土木の工事経験が活かせたことが嬉しかった。ボランティア先では、勇気や愛情や多くの慈しみを、私の方が、多く、深く、強く頂いた。それらを与えてくれたのは、家を失くし、仕事を失くし、家族を失くし、故郷を失くし、日常を失くし、最も大事なものを喪失した人々であった。

彼らに助けられ、「個人的な苦しい時期」を、壊れずにやり過ごすことができた。とまれ、私にとって被災地での生活は、私の再生時間でもあった。

彼らは、深く、多く、重く、喪失した人々であるゆえ、いっそう弱く、優しく、雄々しかった。

彼らに交わり、言葉を交わし、汗した海辺の日々は、私の大切な宝物になった。


被災地での一年余はあっという間に過ぎ、二月に六十三歳になった。

誕生日の翌日に「協議離婚」が成立した。

妻の言葉通り、私は「ロクデナシのひとでなし」であった。

妻の涙の前に、私は底なしの深い穴に落ちてゆく心地し、ボランティア先にも戻れず、逃げ場を求めるように、二度目の四国遍路にやってきた。

もうそこにしか、行き場がないようなそんな気持ちでもあった。


家族崩壊という結果を招いたのは私の身勝手な行為の結果である。

会社を興し、仕事に忙殺され、恋に走り、家族の約束事を果たせずに過ごしていた。

誠実な暮らしを育んできた妻や家族を、取り返しのきかないほどに、傷つけてしまっていた。

それは再びと戻れない。壊れた私の過去であった。

壊したのは私自身である。

迷い来て標なき身や花へんろ
寄る辺なき日々の道草遍路杖
何事のありてや歩む草の道
この道の先知らずとも行く春ぞ
生きてあり花に惑わん春の頃
行く春や花に別れの岬哉
どの花も命輪廻の空に咲き
道々の花に訊ねん命ごと
花明り迷うてもよし遍路哉
巡礼に戻る家なし星月夜
旅蝶の羽ある限り風の先

私の手元には、「三本の杖」があった。

一本目の杖は三年前の夏遍路で購入した「金剛杖」。

この金剛杖は初の遍路時の記念品で、酷暑の夏を歩みとおして、「もう一度歩みたい」と切望していたので、大切に保管していたものだ。

もう一本は、別れてきた妻の住む島で伐り出した「棒切れ」。

西の果ての島で、妻が「最後はここで死にたい」と望んだ地で、海を臨む古家を買い取り、大幅にリフォームし、藪敷地を切り開いて庭づくりをした。その折に、切り倒した木片を記念として、密かに、手元に持ってきた「棒切れ」であった。

もう一本は被災地の浜に流れついていた瓦礫の流木。

どの棒を、春巡礼の「頼み杖」にしようかと迷ったが、今回は被災浜に流れ着いた「流木」に決めた。島の「棒切れ」は秋遍路で使おうと、この時に、はっきりと、定めた。

車は一番札所の御亭主にお願いし、預かってもらう。

流木に〝三月十一日「東北鎮魂」南無大師金剛遍照〟と彫り付けて、一番札所から歩みだす。

おそらく、この旅では壊れてしまったもの、失くしてしまったもの、二度と戻ってこないものを、道連れに歩む旅になるのだろう。

遍路時間は記憶を旅する長い歩行時間でもあるゆえ、それらの記憶の浪が、私を追いかけ、濡らし、呑み込んでしまうこともあるだろう。

また、「祈る」という行為が、自分自身に出会うことに他ならないとすれば、今の私に、どんな「祈り」ができようか。

今回は前回よりも、さらに、限りなく、頼りない、ジジイ遍路人の始まりであった。

二〇一二年春

歩む行為を続けていると、
世界と私の境界線が見えなくなり、
薄い膜がはがれてくる

阿波国遍路　発心《ほっしん》の道（徳島）

歩きはじめを歩む、
春遍路、
はじまりの章

いったいなぜ、私はここにやってきたのだろうか
ここよりどこに行くあてもない、路上漂流旅の日々の行く末

こんなところに父がいた!

三月十一日。一番札所 霊山寺《りょうぜんじ》の朝。被災地に向けて、唱和合掌する堂宇であった。

鈴の音のくぐもる空に祈りたつ
白衣着て辺地歩まんと眼深笠
命あり朝陽に向かう杖を打て
この道や我のなしたる先の道
どの人の火車にも咲くか春の花

春陽はいまだ弱い。歩みはじめを歩むはじまりの一歩。

これより、ただただ歩むだけの日々が始まる。

長時間の歩行に慣れてないせいで足腰はおぼつかない。

身体はリアルで正直で、すぐに足痛み、腰痛み、リュックが重く、やがて、身体中がきしみだす。

「急がず慣れろ」と、言い聞かせて歩む。

流木杖に般若心経の文字など彫り刻みつつ、休み、また、歩きだす。

まだ寒き阿波の春なる初め寺
頭陀袋入れるものあり老いと悔い
堕ちたまま歩めよ今日の老遍路
心経の文字彫り刻む極楽寺《ごくらくじ》
何事のありてか強く杖頼み

金泉寺《こんせんじ》から大日寺《だいにちじ》に向かう道中に、大楠の繁れる神社あり。根元より三方に分かれる枝振りに見惚れる。大樹のもつ樹霊神に触れることは、私の遍路行の楽しみの一つでもあった。道々の草木や花々や樹木は、私の弱い足と心を励ましてくれる最も大事な友であった。それは夏遍路で初めて味わった実に大事な「出来事」であり、海辺の漂流生活でもそうであった。愛染院《あいぜんいん》には大草鞋《おおわらじ》あり。大草鞋を触り、これからの長い旅脚の無事を祈願する。

門前には三年前と同じように犬と猫が仲良く迎えてくれる。ほのぼのと嬉しく心ほどける。少し歩むと、「犬伏久助」や「岩田ツヤ子」の碑があった。「阿波藍染め」を守りぬいた功労者の碑と記されていた。司馬遼太郎の本であったか、阿波蜂須賀の殿様が諸藩の殿様から藍の種を譲ってほしいとねだられて、芽が出ないものだけを選別して渡していたとか。

藍は阿波国の特産品として、藩財源を豊かにしてくれた一大産業であった。

阿波国二十五万石と言われたが、藍生産を加えて五十万石と言われるほどであった。

折しも木綿が庶民の衣服として革命的に広がり、虫のつかぬ藍染が野良着から手ぬぐいの類まで重宝された。藍の栽培や染色の技法は複雑で工程が幾つもあるゆえ、ギルド的産業として阿波人の多くの人々を食させてきたし、専門職として発展もした。

当時の呉服商や藍商の繁栄ぶりは「うだつの町並み」の商家群家屋をみると一目瞭然である。いわゆるジャパンブルーの藍色であり、歌川広重の絵に代表される伝統色でもある。

藍の生産は過酷な労働によって支えられ、また藍栽培のためには多くの肥料が必要でもあった。それらは日本海を湊伝いに商う北前船海運業により支えられてもいた。

多くの古港を訪ね流れ暮らしてきた私には、藍の流通は興味深いものだった。

阿波の藩財政は豊かであったゆえに、それは当時の遍路待遇にまで及んだようだ。

阿波の北方　おきゃがりこぼし　寝たとおもうたら　早やおきた
嫁にやるまい　板野の村へ　夏の土用に　足踏み車

阿波の古謡にうたわれる藍生産の唄であるが、明治の中期には吉野川岸の七群、二百三十七村に及ぶ栽培というから、阿波あげての一大産業であった。

久助は藍の固形化に成功し、ツヤ子は大戦時「藍づくり禁止令」が国策として発布された時期に禁を破り、憲兵の眼を逃れ、山中にて、藍の種を採りつづけたと記されてある。藍は一年草のため、毎年栽培し、種を採りつづける必要があったからだ。捕まることを覚悟の五～六年間の秘密栽培であったのだ。戦争とは、こういう伝統技法さえ、理由をつけて、いとも簡単に押しつぶすものであったようだ。人命さえも戦争の単なる道具であった時代、戦争の具に要さないものは、すべてが不用品で、統制され弾圧される時代だった。

戦後の阿波藍染め復興はこうした先達の苦労の上に約束されたのだろうが、近年は安いインド藍や合成藍などに押されて、三軒余の工房が残るのみ、と聞いた。

近代のグローバルな「経済戦争」の力こそ、まことにすさまじく、古い伝統技法を片隅に追いやり、何事も薄っぺらな「価格」に還元化し、伝統技法さえ、民芸みやげの一つにしてしまったようだ。私も阿波に来てすぐに、ハンカチなど買い求め、お世話になった被災地の漁師さんに金時芋の菓子とともに送ったりしていた。

五番札所地蔵寺《じぞうじ》の手前に羅漢像が多く並ぶ寺あり、見物する。

父によく似た羅漢像が並んでいた。それは叱っている父の顔ではなく、悲しむような、静かな貌《かお》であった。親不孝が身に沁み、頭を下げ、逃げるように先を急ぐ。

花鳥の枝渡りする寺の朝
父に似し羅漢に逃ぐる春の寺
鐘撞いて藪竹の陽や斜めなり
袈裟懸けや心斜めの事のあり
いちにちを土踏むばかり足の裏

春とはいえ、厳しい寒波の朝だ。指先はかじかんで、ポケットに代わる代わる手をさし入れての不良歩行となる。「発心修行《ほっしん》」の心得には遠き、お寒きジジイの遍路姿である。

水涛を飛ばす遍路と阿波農夫
水涛の辻にふくらむ寒の梅
青き朝竹の背伸びたる鐘撞堂

梅の香に無縁の墓群匂いたち

真念のガイドブックに導かれ

六番札所安楽寺《あんらくじ》の先に「真念しるべ石」があり、手を合わす。

今日の四国遍路隆盛の要因をつくったのは「真念」という人であると記録にある。

それ以前の四国辺土地は、高野や熊野の修行僧が修行先となし、峻厳《しゅんげん》な山峰や海辺地を修行漂流していたと古文献にある。『梁塵秘抄《りょうじんひしょう》』にもそれらの記録はあるゆえ、中世にわたっても同様であったのだろう。遍路のガイドブック的なものをつくった始まりが江戸期の人「真念」だという。「四国のうちにて、遍礼人宿なく艱難《かんなん》せる所あり。真念是をうれへ、遍礼屋を立、其窮労《きゅうろう》をやすめしむ。又四国中まぎれ道おほくして、侘邦《たこく》の人岐《ちまた》にたたずむ所毎に標石を立つ事二百余石鳴り」と、『四国遍礼功徳記』に記されている。当時の「旅籠」は一般客のための宿であり、行路遍路人を断った。ゆえに、遍路宿、善根宿、各地にある大師堂や通夜堂などの整備を行い、巡礼者が迷わずに歩む方向を示すための「しるべ石」などを、熱心に建てたとある。終生、真念はそのことを努めた人だ。真念は芭蕉と同じ時期の江戸元禄期の人だが、それ以後も、多くの先達が現在の「遍路文化」を育て、現在に至る。明治、大正期にはなんと二百八十回余も巡礼したという、すさまじい人物まで現れる。「生き佛」と呼ばれた中務茂兵衛氏は二百基以上もの標石を残している（全国からの篤志家寄進あり）。近代に入ると遍路の全国的ネットワークが形成され、それは営々と現在も続いて、私達を導いてくれる。

実際に長い遍路道を歩んだ者にしかわからないのだが、山道や迷い辻で、標石のあるだけで、どれほど心強く励まされることか。こういう先達の歴史の上を、現代の私達は不自由することなく歩いているに過ぎない。

現在の遍路道はつくられた安全な道であるに過ぎないが、その始まりを切り開いた人にとっての道とは、とても今のようではなかったろう。峠の山に踏み迷い、大川に立ち止まり、流され、藪の森を切り開き、歩んだものだろう。初めに歩いた人がいて、それは道と呼べるものではなく、ただ、それに続く人がいて、それは獣の道とも絡み合い、安全な道を選び、続々と次々と、踏みしめる足の連続が今の道を準備して、遍路地図になったに過ぎない。それは気の遠くなるほどの足が踏みしめてつくられた道である。私達の歴史と同じように、今あるものがつくられるまでの間違いも死者も安全もそこに眠っているのだ。そうして道はつくられてきたのだったろう。

道に鬼が住むとは、「始まりの人」の歩みにとっては、本当のことに過ぎなかった。

道中にある「駅路寺」という施設もまた不思議である。遍路人の宿泊施設だと記されていた。阿波の殿様の命令で創られた施設とある。武家社会であるゆえ、心優しい宿泊場の役割ばかりでなく、管理監視や諜報の意味を兼ねてもいたのだろう。藩財政の豊かな阿波の世情でもあったろう。ものの本によると遍路の急激な増加は元禄期に入ってからとある。文化、文政期(一八〇四~一八二九)には一日に三百人ほども四国に入ってきたと記されている。

この苦行的色彩の強い遍路行に、これだけの庶民が押し寄せたのだ。全国的に大飢饉にみまわれた時期にも遍路人は減少しなかったとある。ちなみに観光旅行的な他の巡礼行は大飢饉時には、大きく減少するのであるが、この四国遍路はのっぴきならない庶民の強い信仰心や故郷を捨てざるをえなかった口減らしの「死にゆく漂流人の終焉地」でもあったのか。江戸中期以降の年間遍路数は一万五千~二万人前後とある。そこには乞食《こつじき》遍路人は加わってないとあるから、当時の日本の総人口に比すれば、驚くべき数だ。現代の「歩き遍路人」は年間三千人~六千人余であるに過ぎない。

バス遍路や車での巡礼人を加えると、かなり多く、おおよそ十万人余~と、推察されている。

納札を調べる調査なども行われているようだが、ツアー遍路人などを入れると、遍路全体では女性の方が十％ほど多いとある。

江戸後期には民衆の経済的政治的な自営独立化が育ち、参勤交代などにより、交通環境の向上も整い、遊楽化も加わるのだが、多くは何かしらの「救い」を求める信仰行為であるようだ。

江戸期には女性が遍路を敢行できる条件も整ってくる。封建制度の窮屈な世界から、一時的であれ自由で開放されたい意識は「お伊勢参り」「富士講」「西国巡礼」「坂東巡礼」「秩父巡礼」「大山参り」「鹿島詣」などなど、庶民信仰に寄せつつ、旅行熱を高め、急激に育ってくる。

もちろん寺社側の働きかけも大きく左右するのであるが、ともあれ爆発的に巡礼熱は高まるのだ。

特に四国巡礼は女性が多かったと記されている。男社会での女性の忍苦のほどが表れているし、娘巡礼には村社会での集団的祭礼や教育的要素なども加わったようである。

「信仰」によせるものは、封建領主であろうと、とどめることが困難であったのだろう。

真念の堅き石置く頼み石
薄氷割りて十楽阿波の朝
なずな田の遍路の墓も倒れおり

阿波木偶の巡礼お鶴や細き脚　枯れ菊の色を失くせし春の道

八番札所熊谷寺《くまだにじ》の道中にて、リュックの背に大文字で「東日本大震災復興祈願」と墨書して歩む老夫婦の遍路さんに出会う。

「わしのように八十五歳にもなると、被災地に出かけて、君のようにボランティアもできんしなぁ」

「邪魔になるばかりだろうから。かわりに、こうして、お四国を巡ることに決めた」

「できることをやらんと、気持ちのなあ。もだえて、もだえて、どうにも、おさまらんのです」

被災地で多く出会った「悶え神様」なる人に、この四国遍路でも会う。

「ずーっと、ぶっとうしで、八十八ケ寺を歩いて回られるんですか？」との問いに、

「はい。そのつもりです。これで、歩きは三回目です」との元気なお二人。

「朝日新聞にものったんです」とおばあさんが記事を見せてくださる。大阪の会計士さんとある。

「また、道中でお会いしましょう！」と言われて別れるが、おそらく私は、この二人に、置い

てゆかれ、再び会うことはないであろう。私の遍路流儀はまことに恥ずかしいが、「不良遍路」であるからだ。正規の遍路道から離れて、気に入った町や村や海辺の小湊に立ち寄り、離島に渡ったり、地方の博物館に足を浸したり、川をさかのぼったりの、迷い道、寄り道の確信犯的遍路者であるからだった。次の寺を一目散に目指す真面目で一途な信仰心は元来持ち合わせていない男だったし、納経も札も納めない、不良で、不信心な魂の薄い遍路者であった。
何より帰るべき家や仕事を捨てた路上漂流者であったから、時間だけがたっぷりあった。

「帰る家」をもたないホームレス的路上生活とは、その日の気分次第で、どこにでも行けるし、自由で風のように軽い心持ちである。だが、その実、その生活に踏みだすと、これはこれで、ひどく不安定な日常であった。

何かしらの、目的ある「明日」や「今週の予定」や「仕事」がまるでない。
誰かと会うとかの「約束事」もまるでない。ただただ、ふらふらと漂流し、車で寝泊まりし、路上を蜻蛉《かげろう》のように漂っている。そんなフーテン暮らしの日常生活の日々は、存外に、どこか、頼りなく心もとないものであった。

住む家があること。「定住する住み慣れた家や家族や仕事」というものは、平穏と精神の安心を約束するカギでもあると経験は教えてくれていた。

安息の場である部屋があり、ベッドがありリビングがあり、椅子があり、気に入った小物を飾り付けた住まいがあり、靴箱があり、家族や自分の匂いや、歴史が積もった屋根の下での暮らしというものは、そこから遠く、それらを失くした時に、どれだけ大切で、安らかな世界であったかを教えてくれるものだった。それは仕事においても同様であった。オフィスがあり同僚がいて、お客がいて、売るべき商材を持ち、サービスを心掛ける。あって当たり前だったものが消えた生活が路上暮らしであった。

河原にシート張りの仮小屋（住居）を構えるホームレスの心理が私にはよくわかることだった。雨露をしのぐこと、何としてであれ、囲いをつくり、眠れる場所を確保することは、心と身体の安全保障であったから。できれば、毎日空き缶を集める仕事に出かけること。日々が何かしらの約束事で連続されていること。それは心の安心を産む行為であった。

それらを思うにつけて、震災で家を失くし、仕事を失い、「仮設」で暮らす人々の、寄る辺ない不安は難民者の心そのものであった。

奇妙なことだが、私にとって、この四国遍路は「気安さ、気楽さ、目的性」が保持できる日々となるのだった。とりあえずの今日の仕事と行先は、次の札所まで歩むこと。それだけでも決まっていた。このことは一番札所に戻ってくるまでの間は、とりあえず、決められている。

それが巡礼旅の過ごし方である。だから、少し、心は落ち着くのだった。

帰る場所が存在している「家持ち遍路さん」にとっては、日常性からの解放であろうが、私にとってはこちらの方が、とりあえず明日の「錨をおろす場所」を決定している、妙な「安心旅」なのだった。それは奇妙な感覚であった。


家がある。帰る場所がある、それを失くす。津波であれ、なんであれ。人にとって「家」とは何か？「仮設」とは何か？「漂流」とは何か？　を考えつつ歩いていた。


住所不定者とは、おおよそは諸事情を抱えての、弱者や貧者や逃亡者の行きつく行為だが、住所不定を生き抜くには、投げやりでもあるが、どこかに「不逞な心」が必要でもあった。やむにやまれぬ行為であれ、路上生活を選択するには、それなりの生活術と不安定を常とする学習や「慣れ」が必要で、それらを日々に学ばされるのであったから。

雨風や寒暑を忍ぶ囲いである「家」は「命の安全保障」の場所であり、心の平安と深い関連を持つものであったが、囲われてある空間であれば、その身の内に愛憎の重なることも不思議ではなく、そこに安住できないこともあるのだった。

「家族」を失くした時に人はすでに「家」の半分も失くしているのかもしれぬ。

私の場合は「家」という存在を一度も欲したことがなかった。
それは幼少期からの私の暮らしが、こんな私を創ったのでもあろうが、私は九州の言葉である、生粋の「サレキ者」「ふうてん者」であるようだった。もっとも、現代では極めて薄い繋がりしか持たぬ孤立老人も多くなり、アパートの一室で孤独に、誰の引き取り手もいない死亡者が増えていくのであれば、さしずめ私などもその列に一番先に並ぶジジイであると、認識はしていた。

私の好きな詩人がつぶやいていた。

家はいじらしい陣地
　ぶんどり品を
　みんなはこびたがる

家は夢のゆりかご
　ゆりかごの中で
　相手を喰い殺すかまきりもいる

家は金庫
　　他人の手出しはゆるしません

熊野修験者の名前を冠する八番札所熊谷寺に詣で、法輪寺《ほうりんじ》、切幡寺《きりはたじ》への道を歩む。吉野川が育てた広い平野がひらけ、空も野ものびやかに大きくひろがる巡礼道の福眼に感謝。そんな場所に出会うと、こわばった心持ちも自然に開いてくる。眺望の持つ不思議である。道を長く歩む、遍路者に与えられる一つのギフトである。

底冷えする強い風が吹き、雲が流れ、雪でも降りてきそうな空模様であるが、心はふくらむ。苦行的歩みの中で訪れる不思議な高まりがなんとも嬉しい。彼岸も近く、法輪寺では切り花を広げて、仏様に供えていた。

昼過ぎには、名残の雪が薄曇りの空からひらりひらりと落ちてきた。

遍路笠押さえて逃げん墓の裏
切幡の大塔揺らす寒の風
あやふやが飛ばされている道の端

山の田で狂えとばかり風車
白菊にハサミをいれし寺女
夕遍路白きもの降る沼の端

吉野川にかかる潜水橋を渡り、阿波市から吉野川市に入る。徳島では潜水橋と呼び、高知では沈下橋と呼ぶ。隣県で呼び名が異なるのは藩政時代の名残か。急流洪水の多い日本列島での、知恵ある橋の構造物に、いつもながら感動し渡る。欄干の無い低い潜水橋は足先に川水が迫り、河童になった気分さえする（カッパの気分？とはどんなダ？　と、聞かれても、答えられないが）。

私を試す「遍路ころがし」

十一番札所藤井寺《ふじいでら》に詣でる。門前の土産売りのおばあさんに饅頭を頂きつつ、話をきく。

「昔はね、この門前に五〜六件も遍路宿があったのよ。ほら、こっちも、あっちの山際にもさ」

「その頃は、みんな歩き遍路さんばっかで、バス遍路さんは、おらんもんなぁ」

「今は全部、宿を閉めて、町に降りてしもうた。時代は変わってしもうた。バスの遍路さんは、サーときてサーと帰っていきよらす。トイレばかりが、繁盛しよらす」

「私も夕方はこの店閉めて、町に戻るんさ」

「遍路さんの質も悪うなった。芋もまんじゅうも黙って持っていく。お金も入れんとなぁ」

「小銭商いなのに、なんもならん。淋しい世の中になってきた」

おばあさんの手のしわが深く美しい。


春の遍路宿は相部屋であった。「今日も、昨日も、すべての部屋は相部屋です」と御亭主の弁。夏の宿では、ほぼほぼ、どの宿でも、私一人であったゆえ、こうも違うと驚く。

夕食時の食堂は遍路群団の全員集合満杯合宿模様だ。しかも、なんと、全員が五十歳以上である。「老人予備軍ジイサン遍路クラブ」の有様である。女性は一人のみで、おしゃべりの、世話焼きの様子で、かつ、ベテラン遍路さんの様子。

俯いて、もぐもぐと、食事している男性陣より、数百倍も元気な女人であった。

遍路宿には時折こういう人がいる。元気で、多くの情報をもたらしてもくれる先輩でもある。

最近の遍路で一番多い年代は六十代とのこと。次に五十代とか。この二つで八〇%近くになるというから、退職前後世代で、団塊世代でもある。長い老後の不安や、行く末などのことを思いつつの「遍路行」であるという。時間がたっぷり余っているし、会社人間だったゆえに、退職前後でやることが少ない。迷ってもいる。金銭的余裕もある。しかも、まだまだ元気でもある。

バス遍路者を加算すると、女性の数が六〇％以上というが、歩き遍路さんは、さすがに圧倒的に男性であり、女性は少ない。道中の一人旅の危険度やトイレなどのことを考えれば、集団行やバス遍路でないと、女性には大変であろうと推察できる。

昔の遍路人は強い信仰心が動機であったのだが、近年では信仰心的遍路は大きく減っていて、「集印、精神修行、健康維持、行楽」など、遍路目的も多様化しつつあるという。

自分がどんな目的であるか、問うことからも逃げたいので、もぐもぐ食すのは、私だった。

相部屋さんは名古屋の人で、連れ合いを亡くされての巡礼遍路とのこと。

指輪を見せて、私に問うてくる。

「これ、何かわかる？　女房の骨で作ったダイヤの指輪です。骨は炭素ですからね。骨がマグカップ一杯あれば、このくらいの指輪作れるんですよ。まあ、いい値段はしましたがね」

「女房が死んでから落ち込みましてねえ。なんにもする気がなくなりまして、病気もして。これはいかんと立ち直りまして、身体にいいことは、なんでもやっとるんです」

「あっ！　これは黒ニンニクです。熟したやつ。『おとりよせ一品』です。最高級のその下」

「食べてみてくださいよ。臭くはないですよ。明日の焼山寺《しょうさんじ》越えにいいですよ」

「私はイビキがひどいですから、勘弁してください」

しゃべるだけしゃべり終わると、はやばやと名古屋の人は就寝。

確かにひどいイビキだが、当方も慣れない歩行で疲れているせいか爆睡。


朝早い食事の後、用意された「にぎり」を各人受け取り、次々に宿を飛び出す。

焼山寺道は「遍路ころがし」という名を冠する、実に厳しい山道だ。

先輩遍路は「ここが、第一関門です。ここでまず、試されます」と脅す峠道だ。

皆さん焼山寺越えにアドレナリン全開の様子。

このところの不摂生で体重が増えている私にとっては、確かに息を切らす峠であった。

登るほどに、まだ残雪が残る険しい峠道に悪戦苦闘する。

鈴ならし巡礼ひとり山に消ゆ
雪帽子かぶりて待たむ地蔵仏

山遍路地蔵の椀も雪灯り
金剛の杖に育てや被災木

雪解けの急峻な山坂を息を切らし、足滑らせ、ヤットコサと登ってきたオジサン遍路達にとって驚くことあり。総じてみんなで「ゲゲェ！」と、のけぞるようであった。

それは、長戸庵という奥山庵にて、三歳児程度の子供を抱いた母親に出会ったからだ。

昨夜は「ここにテントを張って寝た」という、母親の弁にさらに全員驚愕。

当然氷点下であったろう。子供の鼻水は固まっているが、ニコニコと笑っている。

母親は「まあ、こんなの、普通です」の返事。子供を背負って、ここまで登ってきて、テントを張ったと言う。ここまで来るのにさえ、十分にくたびれたオジサン遍路達は茫然であった。

その先の柳水庵までの山道で、シェパードを散歩させている外国人の大男に出会う。

おもわず「いやぁー、いい顔している犬だなあー」と私がつぶやくと、「優しい犬です。かわいいです。賢いです」と、流暢な日本語が返ってきた。この熊のようなる外国人が、あの子供の父親だと思える。この大きな身体なら、あの子供くらいヒョイと背負って登れるであろうと推察。

冒険家の家族かもしれない。母親がチラリと「この寝袋で零下三十度でも寝たことあるし」

みたいなことを言っていたからだ。しかしながら、この出会いは、オジサン遍路群へのほどよいファイトコールでもあった。

私はこの山道の間、飲み水を忘れて喘いでいた。厳しい焼山寺越えに水を忘れて挑むなんぞは、ボケジイの始まりかもしれないと思いつつ、喉はカラカラのタクマラカン砂漠状態であった。

柳水庵で「タマラン」とばかり、乾ききった喉を山水で潤すが、ヒシャク柄はツルツルの氷棒で、手袋も持っていないので、皮膚がはがれそうになる。こうなると、ほんとに笑える。「ボケジイ！　ヨボジイ！」である。

やっとのことで十二番札所焼山寺に着く。脚はパンパンに張っていたが、なんとか、どうにか、予想時間内の到着であった。まだ、「なんとか、体力はあるようだ」と、勝手に、自己満足するのもヨボジイである。

雪の峰遍路を転がす焼山寺
転ばされ空見る息の荒さかな
奥山の梅まだ固し隠れ里
山寺の声明低く凍えたり

雲近し深山打鐘谷を越ゆ

東北被災地と「もだえ神」の人々

山宿にて、めったに開かないメールを読む。ボランティア先で出会ったN君からだった。路上漂流生活では外部との通信は皆無にて、私の方からは、どこにも連絡しないのが、日常生活だった。会話することの少ない日が延々と続いていたが、ボランティア先では、多くの人に出会うのが「日常生活」でもあった。N君は被災地で知り合った「有志隊」という名のボランティアリーダーで、彼だけは、世俗的付き合いをしない無愛想ジジイにも、時折メールを送ってくれていた。男鹿半島の小さな浜でのボランティアは、彼らとの出会いによって始まっていた。

それまでは、被災地を転々としながら、「受付センター」にて、もだえ神の人々と種々の仕事を続けていたが、彼らは、さらに僻地の、ボランティア人が入ってこないような、小さな浜での、単独ボランティア活動に私を誘っていくのだった。まだ三十歳代の彼のメールを山の宿で読む。

「あれから一年が経ちました」で始まる文面だった。

「……当時は全くの他人事だったと思います。被災地は大変だなあと。元来面倒くさがり屋で、腰の重い私が現地に行ったのは、なにかしなければなあと思ったことも確かです。ただ、この活動を持続した理由は、はっきりしています。

(1) 必要性があったから
(2) 皆に託されたから
(3) 一度関わりをもったから
(4) 楽しかったから

一介のサラリーマンの私が自腹を覚悟していたが、呼びかけるとそれ以上の皆さんの参加と協力がありました。十九回の活動で延べ二百二十名の現地入り(それも、真夜中に東京駅に集まり、被災地に駆けつけ、ボランティアに汗流し、とんぼ返りで夜中に東京駅で別れる。極めてハードな「有志隊」のボランティア活動でした)。

被災地でも地域人の繋がりの強いところこそ、復興の進みが早いようです。家族や仲間の大切さと絆のもつ意味。今、問われているのが継続です。

人は都合よく忘れる生きものゆえ、悲しみは薄れるだろう。悲しみの祈りから感謝の祈りへ！　自分の懺悔や悪行の反省を踏まえ一人でも多くの人が幸せになれる行動を心掛けて、生きようと思います。

もちろん自分自身も。自分の戒めとして一年目に記します」

N君を含めて、多くの若者達は、震災をとおして「自分自身」に出会ったのだろう。

「職場のN君と、まるで違うのよ。職場で働いている時より、何十倍も元気で、活きがいいのよ。スゴイの。ビックリ、本気で、見直したわ」と、笑いながら同僚のKさんが語っていた。

ハードなボランティアをとおして、新しい仲間に出会い、使命感や人生の意味や命のことを思索し、被災地の人々の勇気や愛情に出会った青年達。被災地の瓦礫野原に立ったものにだけに感じられた「ある呼び声」に呼びさまされた心の悶えや震えもあったろう。

自分が役に立っている強い実感もあったろう。何よりも、自分自身の最良の姿に出会えた手ごたえが、彼らの何かを目覚めさせていた。そのことが、とりわけ、自分にとって新鮮であったのだろう。震災は人々に多くの別離と同時に出会いをもたらした。

N君のように、東京の職を捨てて、「支援継続のために被災地の物品販売会社を作りたい」という、人生を変えるほどの「現場」に彼らは立ち会うのだった。

現実の仕事場の状況が「生きがい」を与えるものとは遠く、世の中の閉塞感は彼らに「あきらめと倦怠」を育てていた。

この震災は大きすぎる犠牲を払いつつも、新しい「寄り物伝説」も作っているようだった。

小さな浜で、ひっそりと暮らしていたはずの人々のところに、多くの人が寄せてきた。浜人は新しい繋がりを引き寄せる。N君達のようにこれから始まる物語も含めて。今、彼にとって、新しい物語は始まったばかりのようだ。

これから先の方がもっと困難であるだろうに、「決心し、進んでみる」という。

私もまた、今後も、東北の浜など、漂流することになるのだろうが、私の場合は後退しているのか？　漂っているだけか？

「人生が連れてきたところがお前の現住所だ」という世界が、眼前に在るばかりだった。

明瞭なのは、日々に歳をとっていく感覚だけが、強く感じられることだった。確かに、体力や老齢化は実に正直であった。

捨つる身をどこに落とさん遍路哉
無一物淋しきものと人の影
風ばかり遍路の背を押す道しるべ

焼山寺の麓宿を立ち、つづら折りの玉ケ峠道をめざす。雨のせいで滑りやすい峠道であったが、多くの先達の足で踏みくぼんだ岩石段が本当に美しい。

こんな山奥の道に先達らの足跡が石のくぼみにさえ刻まれている。それは嬉しい励ましだった。

安物のカッパは蒸れて汗がしたたる。峠で汗を拭きつつ、雨に濡れた古い地蔵群に手を合わせる。霧が流れて、地蔵の貌が泣き顔のまま、消えたり現れたりする。

尾根筋の道を歩むと、眼下に鮎喰川が見えてきた。

折しも雨が上がり、霧が流れ、陽に輝く里村が忽然と現れた。霧の間から出現した谷村の光景に茫然と見とれる。小さな集落に春の朝陽が強い陽矢となり射し込む。すると、村の道筋はまばゆく光り、曲がった村道が龍の背のようにうねり、光り、怪しく輝く。

見る間に周囲の霧が晴れて、空はどんどん明るくなる。やがてその里村の真上に七色の虹が架かる。まるで子供の頃に見た幻燈世界だ。山々と深い谷川の蛇行と、小さく光る村落が、生まれたての異世界ように輝き始める。私は長い間立ち尽くし、ただただ、見惚れていた。

遍路地図を見ると「神山」とある。遍路の時がとまる。世界は美しい。

こういう光景に出会いたくて私は歩いている。

生きていていいのだろうかと不意に悲しくなる。


私は人と同じようには、生きたくなかった。いや、多分、生きてこなかった。

定職にもつかず、夢のような世迷い事の願望にすがりついて、収入もなく、根無し草で、仕事にありついても長続きはせず、放浪癖を持ち、妻の暮らしに頼り、支えられて生きてきた。

子供を持てたのはひとえに妻が自分で育てる決心をしたゆえであったろう。

子供を授かった時に妻は「あなたは自由にどこに行ってもいいよ!」と言ったのを、昨日のことのように覚えている。「三河島」という駅近くの、六畳部屋で、共同トイレで、押し入れがベッドで、私は子供の世話をしつつ、何者にもなれず、ただただ浮遊していた。

そんな私が後年、自分の会社を興し、仕事に集中するなど、思いもよらないことだった。


鮎喰川沿いを歩む「川遍路」の始まり。青石の転がる清流を右左に眺めつつ、蛇行する川沿いの里道をぽつぽつと歩む。道辺の草木が私を誘い、迷わせ、立ち止まらせる。

梅花の香りは道辺に漂よい、私にため息をつかせる。川沿いの小さな里村のあちこちに春は

そっと忍び込み挨拶を交わす。これよりが、本格的な「花遍路」の始まりのようであった。
行者ケ橋を渡る。このあたり、行者の修行する場所だったのだろうか。一休みして、青き川を眺めていたが、早春の鮎喰川はまだ少し寒いのだった。

木の芽雨里を匂わす雫かな
山霧に地蔵の頬も濡れ滲む
虹架けて遍路を待たむ峠かな
朝霧に一村浮かぶ芝居雨
春駒や駒坂下る昔唄
鮎喰の流れも青き里の春
雨上がり梅の香流る川へんろ
初蝶のひらら舞や春のひとかけら
淵青み行者が座せる岩のあり
谷川の瀬音に暮らす里女
しきび売る行者ケ橋やあまご寿司
足痛め靴脱ぐ青石老遍路

風避けて塩むすび喰う川のはた
野苺や蛇住む村の水音かな

十三番大日寺《だいにちじ》からの道中は次々と札所寺の待つ道である。少し得した気持ちになる。朝一番に、一の宮橋を渡り十四番札所常楽寺《じょうらくじ》に至る。養護施設の建つ池の淵を回り、アララギ（イチイの木）の待つ寺に詣でる。戦後すぐに、戦災孤児施設をもうけたという寺である。境内は露出した四国地層（結晶片岩：阿波青石）の背骨が波打っている。養護施設を抱えるこの寺の気骨ある背骨に似て、自然石は固くうねり、アララギの大樹に坐する大師像に励まされる。

十五番札所国分寺《こくぶんじ》では「七重塔心礎」なるものを見る。心柱の基礎石なのだが水を流す細い溝が彫られ、その珍しさに、眺め入る。昔の大工や石工の技術は凛として深い。

ここ国分寺の立ち姿はこのうえなく美しい。青石の庭園見学は次回の愉しみに取っておく。

御四国の背骨を刻む常楽寺
あららぎの大師と遊ぶ鳥一羽
塔建つる心礎のありて人もまた

我建つる心礎もなくて流浪せり
蝶一羽瑠璃堂の空消え去りぬ

十六番観音寺《かんおんじ》から十七番井戸寺《いどじ》に向かう。このあたり国府町とある。その昔に「国府」が置かれ、栄えしところであったのだろう。全国にある国府町の今昔を訪ねたい誘惑に駆られる。道や畑のアチコチに、古い地蔵や無縁墓などが多く点在するのも国府のせいか。

井戸寺には、こんな歌があった。

おもかげを　うつしてみれば　井戸の水
むすべば胸の　あかやおちなむ

心に痛い歌であった。なかなかに私の胸の垢はおちないのであってみれば。いやいや垢ではない「別の物」であるようだ。別れてきた人の面影や被災地の瓦礫跡が強く浮かぶ道野辺を歩む。

床ずれの父が笑えり梅の花
あといくつ春を待つかと笑う母
胸の垢消えぬばかりに吾ぞ匂う
厄介な影を踏みつつ遍路かな
涅槃西風遍路の墓の倒れおり
赤頭巾口の欠けたる地蔵佛

海辺漂流に恋するジジイ

冬と春は交互に追い越したり追い越されたりして四国の道を急ぐ。

昨日は手袋を求めていたのに、今日は一枚服を脱ぐような陽気を歩む。

恩山寺《おんざんじ》を訪ねる前に、海に会いたくて小松島港に「寄り道遍路」をする。

小松島という港町は「かつては、栄えた」と尋ねたが、海風の吹く淋しい港町であった。

ここ数年間を日本中の寂れた港町を巡礼行のようにさすらってきた。

地方の港町はどこも高齢化が進み、老人と猫と風ばかりが吹き過ぎる景色だった。

埠頭や港湾設備はコンクリで立派になったが、港から人の匂いは少なくなるばかりだった。そんな寂れた光景がとりわけ好きで、鉄道ファンの「テッチャン」のように、港町ファンの「ミナチャン：オタク旅」を続けてきた。小松島の港町の変遷を知りたく思ったが、それは次の漂流旅の愉しみにしようと決める。港食堂で「タライウドン」を食べ、港公園のトイレ陰で風を除けて身体を休める。風は冷たく、公園で遊ぶのは子供ばかりだ。大人達は風除けの場所に固まり、仕方なく元気な子供達に付き合っているという景色。

十八番札所恩山寺は椿の花が満開。椿は子孫繁栄のおめでたい花であったが、武家の世になり、首からポトリ落ちるとかで敬遠された。しかし、諸外国の園芸家には垂涎の花樹ときく。多くが改良され、いろんな形や花景色が楽しめる。この遍路旅では、まずもって、たえず傍にある親しい花でもあり、別れてきた妻の住む「島の花」でもあった。
私はこの花が特別に好きで、幼き日々を真似て、藪椿の蜜を吸ったりして歩む。

海の香や盥に浮かぶ小松島
蝶のごと椿蜜吸う遍路寺
風の谷吹き過ぎてゆく花の時

遍路は幾つもの川にぶつかる旅でもある。

昔の遍路さん達は川に出会うたびに、うんざりし、ホッともしたのだろうか。渡し賃のこともあるし、足止めや周り道や、素足で川渡りする危険さえ伴っただろう。

「橋」は私にとっては不思議に、心震える場所だった。

橋上に吹く風の聲に身体をさらす時間が妙に好きであったせいでもあろう。

橋の上を川下に川上に流れる気流、橋上に広がる空と雲、覗き込む川下の流れ、日常から少しずれる時空の感覚。流れ去るものと、とどまるものと、立ち尽くすもの。橋を渡った向こう側にあるだろう異世界への架け橋。エタイのしれないトキメキ。出会いと別れが交差し、ついフラフラと身を投げるのもうなずける憑依の場所である橋上の時間。

もっとも、私が高所恐怖症のせいもあるのだろうが、橋はたえず異界へ通じる渡し場であるように感じてしまう。四国の遍路旅の楽しみの一つに、こうした橋を幾つも幾つも渡れるということがある。橋の上では金剛杖を突かずに抱いて渡るという作法を教わったのは初遍路の時であった。

十九番札所立江寺《たつえじ》の赤橋には碑があった。「この橋を九つ橋と呼び、九つ橋とは九界の地位とあり、積悪邪見の者がこの橋の上に立つと眼がくらみ、足すくみ震え、一歩も渡れず、その時に白鷺が現れたとある。よってこの橋の上に立って白鷺を見ることなく渡れた者は善男善女である」と。善男でない私は必ず見つかるであろう白鷺を探して待っていたのだが、どうしても見つからず、「なんだかなあ」と、渡ってきた。世の中、悪人の方が強く、図々しいのである。

十九番札所立江寺に詣でる。

この先の異界に通う風の橋
白鷺のめまいも青し水細み
悪人も善人も渡れ九つ橋
戻れない橋を渡って春遍路
からからと春心軽し旅の人
この足が動けしまでを寿がん

立江寺を過ぎ櫛渕町の水路にそって歩む。初春の陽気が心を軽くし春風が身体の中を吹き抜ける。この心地良さは何物にも代えがたい。スギナやハコベやナズナの揺れる田園地帯を歩む遍路の足は軽い。周りの低山は竹林の森で、風をうけてザワッザワッと山ごとに揺れている。

櫛淵の八幡宮の大楠と「楓《ふう》」の木の陰下に休む。夏遍路の時は大雨であった。巨樹の聲を聴きたくて、ずぶ濡れになりながら、長い間立っていたことを想い出していた。

大樹は怖い、巨樹はさらに恐ろしく怖く、神々しい。だが、心騒ぎときめき、心惹かれ、やがて、不思議に落ち着き、大きな幹に抱かれていると、勇気を頂いたりする。

どうしても巨樹の傍で休む時間が長くなるし、巨樹を探している私がいる。

楓の木は秋には緑葉から黄色を経て紅に変ずるとある。「またおいで」と誘うのは「秋遍路へのお誘い」でもあるか。

歌碑があり、「阿波は櫛淵春ともなれば　山は竹の子背くらべ　風をたもとに菜の花蓮華花が彩るふるさとよ」と記されてある。

蓮華の花にはまだ早く、大樹の傍はひんやりと肌寒く、風ばかりが急ぐ立江寺道だ。

軽やかになぜに狂うか春の風
雲ひとつ空に飛ぶ春ふうの風
母子草踏まぬよう行く畔遍路
風急ぎ光そよがす薺畑
春風やささ山揺らす立江道

何事か伝えし大樹の聲低し

勝浦川に出会う手前に「沼江大師」あり。付近一帯は何やら霊気の揺れる地域でもある様子。一休みして杖に般若心経を彫り付けるが尻が落ち着かない。地方を巡っていると、どの地域にも神域らしき地勢や場所柄が必ずある。その土地に住む人々に、強く訴えてくる祖霊の場所というものがあるのだろうか。人の心をザワザワとゆすられるそんな場所に、神域や信仰の種は落ちていったのだろうか、あるいは死者を祀る場所がそこでもあるか。沖縄を旅をすると、「御嶽《うたき》」と称する場所がそこかしこにあった。そこは鈍い私でさえ、感覚として伝わってくる霊場であった。

確かに、そんな場所が、全国を流れていると、いくつも幾つもあった。四国遍路でもそれらに出会う。人の心の奥に在る不思議な霊的な認識というものがあるのだろうか？　これらも、歩きの功徳でもあるか。

肌ゆする祖霊の風や巫女の聲
漂泊の風に呼ばるる地霊神
戻らんか人の人たる風の聲

置き忘れ忘れて淋し道の人

勝浦川にぶつかる。心待ちにしていた川沿いの食堂を尋ねるも、あいにく休みであった。食欲のまるで湧かないゾンビ歩行のような夏遍路の時、ここで食べた鮎の旨さが、舌に記憶の針を刺していたせいだ。今はまだ、鮎には早い季節だが、その先の食堂の戸をたたく。「冷凍ものではあるがね、あるよっ！」と、ご亭主の弁。天ぷらと甘露煮を出してくださる。

この食堂前の土手には、早咲きの河津桜が見事に満開だ。道ゆく車も多く立ち寄り、賑わっている。

誰しもが、桜花の下では極上の笑顔を浮かべ、携帯のカメラや自撮りに収まっていく。桜はとりわけ人を幸せに誘う花にちがいない。私もこの春遍路にて、初の桜花との出会いだった。

道路沿いの和菓子屋の御亭主より「接待です」と、茶と菓子を頂く。甘さが控えられ美味。心にも眼にも腹にも、春の花が咲き満足する。そんな遍路時間の愉楽を満喫。ひと時を花見客に混じり、川傍で呆けている。孤独で幸せな時間がいとおしい。

今日は二十番鶴林寺《かくりんじ》から二十二番平等寺《びょうどうじ》までの長い行程を歩む。

私的には焼山寺越えより、「こちらが厳しいかなぁ」と、気合いが入る。

二十番札所鶴林寺境内では、ひと休みすることもなく、先をめざし一気に杣道《そまみち》を下る。

下山道を急ぎ過ぎると、膝に必ず負担が来る。そんな時の金剛杖こそ頼もしい。

那賀川を渡る手前に、大井町遍路小屋あり、「ミカンをどうぞ！」と置かれている。

多くの「遍路小屋」といい、お接待といい、遍路宿を営む人々といい、四国人の情けに助けられ「歩き遍路」の力は湧いてくる。心からの感謝である。四国遍路はすでに「文化」である。

昔の接待講は四国の対岸からも渡りきて、接待したという。おそらく、貧窮遍路達は食い扶持を接待に求めて集まったことだろう。


川橋を渡り、若杉地区あたりから再び峠道に挑む。

この若杉地区には辰砂《しんしゃ》（水銀）の発掘遺跡ありと記されていた。縄文時代より赤色顔料として土器にも色づけされた辰砂である。大昔より「山の民」として、鉱山師達や木地師やマタギ衆や修験者などが、人も寄せ付けぬ奥山道を開き、踏みしめ、こうした鉱山を見出し、山道を作ってきた。「空海」の時代より以前に、この奥山道は、弥生人達に分け入られ、貴重であった朱色の顔料を採集した場でもあるという。朱色は死者の顔や棺や石室に塗られた権力の色でもあった。三世紀の「魏志倭人伝」に出てくる「倭の山では丹（辰砂）が採れ、女王卑弥呼が中国王朝に献上したとされる」とあるから、ここも古代より大事な場所であったのやもしれぬ。

おそらく、この四国遍路の奥山道も、そんな古代人の切り開いた道であったのだ。

若き空海さんも、彼らが切り開いたこの山道を歩んでもいたと思うと励まされる。

人とは実に不思議なものである。こんな山奥に道をつくり、辰砂を発見することがどうしてできたのだろうか？　方位計をもつ近代ではない。縄文や弥生の人々であるのだ。それらの時代からこの奥山に、「道」というルートを創ってきたのだ。太古の裸足の人足が踏み分け踏みしめた道が、こんな山奥に「道」をつくり育ててきたのだった。

このあたり一帯は、山奥ではあるが、石積みの段々畑なども残っていた。

現在は杉林になっているが、少し前は水田や畑などであった跡が残っている。

先人が汗して造り上げた山畑も、今では高齢化で手入れもできず、やがては杉林や荒山放棄地になってゆく。四国には限界集落がとりわけ多いと聞く。

遍路の旅はそれらをいくつもいくつも巡る旅でもある。

蛇のごとうねる下天や翠川
奥山に消えし遍路が唄歌い
カラッポになれぬ一人でよろけおり

深山に赤き首落つ藪椿
奥山や辰砂背運ぶ古代人
隠田に倒れし墓と桜花
奥山に犬声高く響きおり
ひとしずく森の水湧く月の宮
峠越え雲まで歩かん山遍路

二十一番札所太龍《たいりゅうじ》寺に辿り着く。山道で雪駄履きの老人に出会う。お坊さまとのこと。雪駄履きのまま、雪が振り積もる六十六番札所雲辺寺《うんぺんじ》に登った時の話を聞かせて頂く。

「雪の中で足の感覚はなくなっていました。不思議なものです。慣れてくるとそんなもんです」すこやかに笑われる。顔は穏やかな羅漢顔のお坊さまであったが、自然体の柔らかい語り口に励まされる。おそらく季節ごとの遍路は、まるで違う貌をして巡礼者を迎えるのだろう。私の住む日本に、歳時記ある季節が待っていることは、素晴らしいギフトでなくてなんであろう。

まだ見ぬ、秋や冬の遍路が愉しみな願望になりつつあった。

山寺でパンをかじり、舎心ケ嶽の大師像を遠くぼんやり眺めて、太龍寺の谷道を下り、谷村で休み、さらに大根峠の笹の葉道を登り下りして、ほとほとくたびれ二十二番札所平等寺に、やっとのことで、たどり着く。

菅笠を打って何問う落椿
山抱いて谷を眠らす龍の鐘
経堂のトカゲの舌やパンの耳
捨つる身の心を捜す迷い寺
谷深き瀬音にひとつ魚の影
笹森に青き風聴く老遍路
山蛙土より目覚めて御挨拶
よたよたと御山に取りつく蛙哉
影もまた細く倒れん平等寺

二十二番札所平等寺の門前宿「山茶花《さざんか》」さんに泊まる。二十畳ほどもある広い部屋を独り占め。

なんという贅沢。殿様気分で御満悦だが弱き脚は頼りなく、新参者の足軽風情のヨロケ足である。

夜、豪雨に幾度か目を覚ます。朝、さらに雨激しく、路上さえかすむ激雨である。

重装備し、「大楠の森」へと迷い遍路。樹齢数百年の大楠が、うちそろって森となす神社を見たさの寄り道。「轟神社」とある。見事なる大楠群の威容であった。そのあと月夜御水庵《つきよおみずあん》に詣でる。逆さ杉が雨に濡れて悲しげなり。

道中、外国人さんを入れた三人組遍路さんより、チョコを頂き元気になる。

伊谷観音に手を合わせ、由岐坂峠を越える。ついに、やっと、これからは、海辺遍路だ。

海好きの私の足どりは、途端に軽くなる。海に遇いたし、海辺に遇いたしと、心弾み、急ぎ足になる。たえず海に焦がれている私がいた。海辺ばかりを漂流生活にしていた日々が、私の細胞に「おいでおいで」と誘っているのだった。

流木杖濡れて重たき鈴音哉
大楠に抱かれ轟く雨社
御水庵月の恋しき逆さ杉
木蓮にはじけし雨の田水張り

ほろほろと椿落つ道海近し
便りなき頼りのなさや春の雨
海近し汐の香りの町に入る

漁師町特有の浜路地を歩き、由岐漁港の小さなスーパーで昼食を買う。夏遍路の時に、面倒見のいい先輩遍路さんから「ここで昼飯を買った方がいいよ、この先は店が遠いから」と教わっていた。スーパーの中では、地元の皆さんが「この大雨の中、頑張ってくださいね」と、口々に励ましてくださる。田井ノ浜の海水浴場の小屋で雨ガッパを脱ぎ昼食。誰もいない雨の浜。寄せ波の時間が心痛く愛おしい。夏遍路時にはアキアカネが無数に群れていたことを想い出していた。

海辺に来ると、私の心は浮き立つ。自分自身を漂浪する安曇族の末裔でもあると、勝手に決め込んでいるせいでもある。日本の長い海岸線を征服せんと、酔狂な路上漂流の数年間を送っていた。海辺には私の偏愛する物が多く落ちていて私を飽きさせなかった。「好き」というに理屈はないのだが、私はどこかで「なぜ？」と問い続けてもいた。

牟岐《むぎ》からこの先、当分は海辺の遍路道である。岬の峠を次々と越えて、次の浜集落に出会う

道が続く。当分は海に抱かれ、潮風に触れる遍路行だ。きっと、私の歩みは行方を忘れてしまうことだろう。

海辺を歩むたびに、東北の幾つもの、瓦解した湊町風景が繰り返し甦ってくる。それは、被災する前の美しい風景の記憶とともに、同時に甦ってくる。

同じように、たえず、別れてきた妻の島の光景や家族の記憶も追いかけてくる。

幼少期からの、海辺の光景や、エスケープして独り海辺に遊んだ学生時代の記憶も浮かんでは消える。それらは津波のように私を襲う記憶群である。それは前触れもなく襲ってくるので困るが、海辺に出ると、どうしても消えてくれない。それらが不意に点灯する旅は陰影濃く、時に打ち払いたい時間もやってはくるが、ここからは逃げることはできない。

船魂の祈りに続くみち

小雨の中、木岐の浜道にて、おじいさんが遠くを見ていた。

どこの浜の男達も、遠い眼をして風を読み、空を読み、大気を読み、潮を読む。

多分「読む」のは彼らの仕事の習慣なのだ。

「漁はどうですか?」と聞くと。「もうだめ! ジジイの遊びだ。仕事にはならん。魚がとれんし、若いもんも出ていくばかりだ。だめだ」と、ひとしきり、断定的な嘆き節で、言葉はブツンと途切れ、そのまま押し黙った。それ以上、もう、声をかけることはできなかった。

日本中の多くの高齢化漁村で聞いてきた老人達のつぶやきであった。

その先の磯辺道では、雨にぬれ、海藻を拾う漁婦の背が丸く石のようにかたい。

本当に地方の港は急速に衰えていく。その運命をじっと忍んでいる。

私の好きな「風」だけが主人公のように埠頭を流れていく淋しい光景が時代の貌であった。

やがて「俳句の道」とかの山道を歩み、また海辺に出たりして、日和佐の町に向かう。

海近し漂泊の身に風の入る
遠き目や瞬き閉じる細きもの
海草のいちにちを拾う磯媼
約束をたがえて帰れぬ旅遍路
どこまでも追い来るものあり春の旅
この星の淋しき青やただよいぬ

私は揺れていた、ゆらゆらと揺れていた。身体は不安定で、魂だけが遊離しているようだった。

揺れつつ、周りを見渡すと、そこは「男」ばかりであった。しかも、どの顔も、妙に晴れがましい笑顔で、白い歯を見せて、笑っている。スピーカーからは威勢のいい大漁節がうるさいほどガンガン流れている。色鮮やかな大漁旗が海風にビタビタとなびき、船は海面を疾駆している。

ああ！　この揺れは、船の上だったのかぁと、感心している私も、船上のひとりだった。だが、「この船はいったい何事だ！」と思う。船には大漁旗が、「どうだぁ！」とばかりに着せてある。ああ、多分、これは「祝い船」だと思う。しかも、まだうすら寒い海面をグングン進んでいる。かなり寒いのだ。でも、この「祝い船」の様子は何事だ！「これは？　なんなのだ？」と、思案する。「なあんだぁ！　これは夢ではなく本当にあったことだ」と、気づくのも、夢の中のことだった。見知った貌が近くで笑っている。ふたりとも満面えびす貌である。ボランティアのN君とS君だ。船は汽笛を高鳴らせて湾口を進んでゆく。汽笛の音がまるで「雄叫び」だ。悲しみとも喜びともつかない名状しがたい鎮魂の底から湧いてくる、そんな汽笛音だ。

その船の進んでいる場所は？　瓦礫の積み重なった港口だ。船は進んでいく。瓦礫をかたづける岸の人々が、背を伸ばして船の仲間に大きく手をふる。そのたびに汽笛は答える。

「おおい！　おおおい！　震災後の初の新造船だぞ！」「新造船だぞおぉ！」と、船員が叫ぶ。


魂が震えるような汽笛の音に私は目が覚めた。

そこは、日和佐の遍路宿の布団の上だった。

私は夢から覚めて、鈍い頭で夢の続きを追いかけていた。

その時の私は、夢の続きを、現実の記憶で追いかけていたかったのだ。多分、いつまでも、そうしていたかったのだ。私の、被災地のボランティアの日々での、最も「幸福な一日」だった「あの日の光景」のことを、反芻する喜びを、消したくなかったのだ。

小さな浜で、独りで、ボランティアする日々の私に、N君達が誘い与えてくれたギフト時間だった。日和佐の宿の布団の上で、私は目を覚まして、「その時間」を追いかけていた。

それは、震災より一年にも満たない日。瓦礫の気仙沼港での出来事だった。

その船の名は第五十八「大伸丸」。十九トンの新造船だ。大きく伸びなんとする名を頂いたピカピカの新造船。北海道の広尾町の造船所で作られた船で、震災後の東北の瓦礫浜にて、初進水した新しい船だった。その新造船のお披露目の船出式。そこに私を招いてくれた仲間と漁師さん。

気仙沼の壊れた港の岸壁では「祝い餅」がまかれ、集まった人々の瞳の奥底に言い知れぬ笑いが溢れ、投げ餅を競って拾い合う時間の嬉しさに加われた晴れがましさ。その特別な愉楽。多くのカメラやテレビが群れ、生まれたての船を取り囲む光景。その祝い港、瓦礫の気仙沼。真っ白の船に、これでもかと着飾った大漁旗が寒空にはためいて揺れている光景。瓦礫の町の瓦解した港場の無残な風景に囲まれている新造船。壊れた海辺に、浮かぶ、誕生船のピカピカ。その対極の怖さ嬉しさ。あの日、津波に襲われ、沖だしの途中で大波にのまれて、沈没した第三十八大伸丸。運よく助かった三浦船長さんの命の物語。

被災地に残る、多くの、ひとつの、奇跡の物語。

「もう、辞めよう、と、廃業も考えました。でも、この火を消してはならない」

「後に続く人の道標になればいいのです。今日は身の引き締まる感無量の日です」と、うっすら瞼が濡れる三浦船長の言葉も震えていた。

沖出しの祝船は進んでゆく。私達の乗る船はまるでこの世のものではないかのようだった。常世の船のようだった。新造船を祝う笹竹の穂が揺れ、旗は揺れ、お神酒が海にふぶき、乗り組んだ男達に一人ずつふるまわれる。北国のまだ寒い季節の身体の奥に熱いものが流れ落ちてくる。

船員の男衆の顔は、言い知れぬ神々しさだ。海人の顔が朱に染まってゆく。

「このあたりで参拝しまぁす！」と三浦船長の声が、船上スピーカーの無線から流れる。

船は弧を描いて岬口を三周する。海の男達は深く深く、頭を落とし、手を合わせ祈る。祈っている。津波にのまれた船や人々や家族や家や町のすべてを想いつつ祈る。ただただ、船上で祈る。

祈っている海の男達のひとりひとりの立ち姿。

私はこの時初めて「祈り」のことに、気づいたのかもしれない。

ある詩人が言っていた。「祈り」のつぶやき。

祈りとは、ひとにしかできないこと
みずからに深く問うこと
問うことは言葉を握りしめること。そして
空の、空なるものに向かって
災いから、遠くはなれて、
無限の、真ん中に、立ちつくすこと

・・・・・・・
いちにちがはじまる
ここに立ちつくす私たちを
世界が、愛してくれますように

私はすっかり、眼が覚めていた。遍路宿の布団に座り、ゆらゆらと、ゆえなく、泣きながら身体を動かしていた。壊れそうな私の漂流の日々を救ってくれた被災地の浜人の幾つもの顔が浮かぶ。新造船の船魂祝いに誘ってくれた浜人達の顔が浮かぶ。

私の、この四国遍路で、ひとなみに「震災鎮魂」の巡礼旅をするつもりであったのだが、「祈り」からは遠いものだと、気づくのは早かった。

巡礼寺で「復興祈願」などと、私が、祈りつぶやくことは、ひどく、ひどく、恥ずかしいことと感じていた。「復興のためには釘の一本でも打ちに、被災地に、すぐにでも、戻った方がいい！」という内心の声を、いつでも、どうしても、どこにいても、抑えることはできなかった。「お前は、こんなところで、何をしているのだ！」という声を、片身にいつも受けていた。

私は札所寺で「復興祈願の祈り」をすることなどは、すでに、完全に、止めていた。今の私は、ただただ、被災地の瓦礫の中で拾ったこの流木杖で「トン、トン、トン」と、四国の土に打ち込み、歩むことだけを考えて、歩こう！　と、決めていた。

それしかできないと思い知っていた。

私の魂の薄さがそう教えていた。

ひっそりと心ばかりが積む夜ぞ
問う人の心も浅き夢の夜
想い出をまとうて灯る闇蛍
雨走る夜の航路や蛍船
船魂の帆先に壊れし街灯り
どの人も心ばかりが揺れる夜
悔いありて夜に目覚めの月の宿
寄る辺なき命に咲かん業の花
あてどなきまだあてどなき遍路哉
大丈夫言いおいて朝の明く

二十三番札所薬王寺《やくおうじ》の冷えた石段を歩み詣でる。この頃になると、私は再びと遇えない人々の姿を想起し祈っていた。もうそこに、戻れない世界を、遇えない人を祈るのだった。

祈りのすぐそばには、被災地の流木杖があって、私はこれを携えて、またあの浜辺に戻ろうと考えていた。三陸の浜景色が杖先に流れて消えていくのをとどめることができないでいた。

私はゆっくりとそれらの名前を呼んでみる。「小名浜、相馬、塩釜、野蒜、女川、石巻、牡鹿半島の数々の小湊、雄勝、南三陸、気仙沼、陸前高田、大船渡、釜石、山田、宮古、久慈、八戸」私は、これらの浜が津波に瓦解する前年に、路上漂流でお世話になっていた。

それらのどの港も宝珠のように美しく、当時の私を抱き留め、慰撫してくれた。

港の名前をつぶやくだけで、懐かしく、当時の景色は痛く甦った。同時に震災後の光景が言葉にできぬ姿で立ち現れ、その世界は戦争絵のように壊れていた。

そこに立ちつくし、喪失した世界を抱え、逃げることもかなわずに、何かしら自分にできることを始めていた人々。私はその被災人にこそ、助けられたひとりでもあった。昨夜の夢のせいだろうか、込み上げてくるものが道辺にあり、次の湊町までの坂道をよろよろ歩むばかりだった。

この春を風定まらぬ杖と笠
残月を野辺に置かんと海隣
離れ来て声の小さき辺土崎
ぴったりの孤独がおさまる遍路笠
観音の祈りに沈む落椿
巡礼の行き着く先や風港
夢捨てし夢の終わりの花咲かん
生きしもの淋しき海に還る日や

牟岐港の連絡船乗り場で足を投げ出し、ぼんやりと時を過ごす。内妻の浜では、サーファー達が波上のバッタのように遊んでいた。サーファーであったN君に似た青年達の白い歯が波に笑っているようでまぶしい。彼は被災地での新しい仕事の計画に忙しいのだろうか？　難しい仕事を選んだものだと思うのだったが。

鯖大師に向かう。このあたりから、室戸岬に至るまでの道は昔の遍路人には難所であったろう。

現在は国道が整備されているが、昔の遍路達は海辺の浜石を乗り越え、磯場に下り、波にまみれ、ゴロタ石を踏み、まろび、海嵐に逃げ、藪道峠を獣のように歩いたのだろう。まことにこのあたり、忍従修行の道であったろう。この「八坂八浜」と歌われた難所は、東北の田野畑あたりに似ているのだった。

このあたり一帯は黒潮の流れに移り住んだ海部族の浜集落だろうと思いつつ歩む。海洋町（旧海南町）の海部川を渡り「鞆浦」という港集落に寄り道する。「港オタク」の私はどうしても辺境の「小湊集落」に誘われるのであった。

河口沿いに歩いていると、自転車のおばあさんが心配顔でブレーキをかけてとまる。「お遍路さん。ご苦労様です。でも、間違ったのでは？　この道は行き止まりで、誰もお遍路さんは来ませんよ。この先には湊町があるだけですよ」と、親切に声掛けしてくださる。「その湊町を見たいのです」と答えると、満面の笑顔が戻ってきた。

鞆浦は思った通りの良き漁師町集落であった。「鞆」という名の付く港は裏切らない良港である。ここには海城の跡などもあり、興味深い。狭い浜路地など遍路姿でうろつくことしきり。この遍路が終わったら、四国の港町探訪に行きたいと心誘われるのだった。鞆浦湊に別れて、那佐湾の美しい入り江沿いの道を進む。

夏遍路の時はここで倒れ、救急車を呼ぼうかと携帯に指を出すのだが、震えて困惑していた場所だった。不思議なことだが、こういう場所は良く覚えているのが記憶というものであるようだ。

夏遍路で、朝に決まって腹を下し、野原に尻をさし出した「場所」をよくよく記憶していることに驚いたものだった。冷や汗もので、「もうだめだぁ！」と、無防備に、お尻をつきだし、しゃがんだ場所が昨日のことのように、正しい場所認知で、甦るのだった。

夏にＳＯＳした小さな船着き岩場で、今日も同じように休む。春の浜は生き物の匂いが強く香りたつ。やがて、阿波の終着地、宍喰《ししくい》にたどり着いた。

人の世の八坂に転ぶ海のはじ
発心の心や薄き阿波の春
浜路地の猫に会いたし春遍路
鬱屈も海に溶かさる春の波
果て知らず歩んでいきたし遍路哉

歩む行為を続けていると、
過去は鮮やかに浮かび上がり、
私をつくってくれたもの達が押し寄せてくる

土佐国遍路　修業の道（高知）

鬼国を歩む、
春舞いと海辺漂流の章

ここではない、どこか遠くに！　海辺に、花の傍らに、
ここより、春の豊穣を、さ迷い歩む、祈りの行く末

祖父と父が暮らした湊

「土佐は鬼国、宿もない」と昔の遍路記録にある。

昔の遍路人にとって土佐は恐い土地であったようだ。お隣の阿波藩は禄高以上の金持ちで豊かな国であったが、土佐の自然は過酷で、かっては流刑地でもあり、藩の運営は容易ではなかった。執政として野中兼山などが出てくるが、土佐の財政事情は遍路にも土佐の人にも強い規制や貧窮差別を与えていた。土佐藩は遍路人に独自の手形を出し、奥の院参拝などは余計だと禁止し、逗留制限を設け、脇道寄道も禁止で、宿泊宿も厳しく定めていた。

私などのように住所不定の遍路者は、土佐からは、叩き出されていたことだろう。

甲浦のバイパス路を迂回し、港オタクの私は港の辻に回り込む。

昔の遍路人はここで阿波藩の切手を返納して、土佐国に入ったのだろう。

参勤交代の重要な港でもあった甲浦《かんのうら》湊は古い木造旅館などが残る美しい入江の小湊だった。

漁業研修生である東南アジアの青年達が網を繕っている姿が見える。

すでに港の働き手や各地の農業地などは、若い東南アジアの働き手なしには成立しないのが現状である。遠洋漁業の基地を旅するとすぐにわかるのだが、日本の船の乗組員の大半以上は彼らこそが働き手として大事にされている。３Ｋである仕事のほとんどを、彼らに依存する時代が眼前に迫っているが、それらの危機を、本気で憂えているのは現場の人々だけであるようだ。閉鎖的な我が国の政策は「移民や移住労働者の問題」を数多く露呈してくるだろう。

街道沿いの「ぶっちょ造り」という珍しい建物構造や古い建築群を見物し、港駅のベンチでぼんやり休む。これより野根をえて佛海庵に向かう。このあたり、昔は牛馬道もない磯道で、「ゴロゴロ」や「飛び石跳ね石」の名前を持つ、遍路最大の難所であったようだ。

土佐は「修行の道」と呼ばれるのだが、昔の遍路にとって、このあたりは早速その典型的な「修行道」そのものであったろう。アスファルトで覆われた道は車社会のための道であって、歩行世界のための道ではないのかもしれぬが。

「野根の昼寝、野根の昼泊まり」の言葉は、次の宿にたどり着けない遍路のため、制限をもうけた名残の言葉という。現在はひたすら海沿いの国道を歩む楽な浜国道である。

そうはいっても、私の夏時はモンスーンにずぶ濡れになり、恐怖に駆られ、逃げるように急いだ国道であった。春の季節は桜花や花々が優しく迎えてくれる。名物の野根饅頭など頂きつつ室戸岬に向かう。

昼寝して野根饅頭の甘さかな

佛海の浜まで丸き昼の月
春の磯ゴロゴロ石も陽に温み
春うららうららの蝶と老遍路
初花やひとひら薄き紅の夢
春浅きアサリの夢を掘る人よ
青海に両手伸ばさん水平線
海に来て彼方の人を想いおり

「佛海庵」のことをガソリンスタンドのお兄さんと話す。

「佛海さんは伊予のお坊さんみたいですよ。いまだに伊予人の訪問があるみたいです」

「全国を修行した木喰僧で、晩年にここに庵を作り、善根宿とし、地蔵の標石を刻んだとか」

「このあたりは、まるで何もない難所でしたからねぇ。今でも何もないですけど」

「ご覧の通りの、実に本当に淋しいさびしいところです」

佛海庵の供養塔に合掌し、佐喜浜港に向かう。

深重の海に祈らん佛あり

空青し佛海庵の田水張り
浜茱萸の青き実生やトゲささる
いちにちを海鳴り歩む土佐の浜

私にとって佐喜浜の湊町は父や祖父のことが偲ばれる個人的聖地だった。ここ、佐喜浜は父が尋常小学生の時に二年余を過ごしたという浜村だった。

祖父の仕事は土方の請負親方で、全国の隧道工事や堤防工事に従事する近代土工漂流民の現場親方的仕事であった。自称「平家の落人民」と称していた祖父であったが、出自は宮崎県の最奥部の山村集落の生まれで、隣村は熊本の有名な落人村とかであった。

この出自村の、喰うに困っている男衆、次男、三男、四男などを呼び集め、土工軍団を束ねて大きな組の下請けとして、関東以西を飛び回る仕事が祖父の生き方だった。

難工事であった丹奈トンネルの神奈川口の工事を終えた後に、この四国の佐喜浜にやってきたのだろう。ここでは、港の堤防工事をやっていたときいた。

佐喜浜も川港の持つ宿命で、砂が堆積し、河口はすぐに浅くなり、機能不全になることが多かったのだろう。日本の多くの川港で必ず生じた現象だった。

昔は木炭や材木の積出港であったと、夏遍路の時に地元の古老に教わった。

祖父が最後に、土工漂流民として流れ着いた町は「佐世保」という海軍の港町だった。家族もそこに呼び寄せられた。そこには、軍の土木工事が多く待っていたと予想できる。さすがに目端の利く器用さではある。

だが、当時の祖父は早々と隠居を決め込んで、私の父母の働きで生活を賄っていた。

私はその祖父宅で生まれ、あずけられて育った。今思うと、現場にある掘立ハンバのようなベニヤ張りの家であったし、子供の足には遠い共同の外トイレで、水道もなく、ランプとカマド暮らしであった。いわば私は「質草であった」と後年、母は言っていた。

当時の私は母が来る日を心待ちにしていたが、来たら来たで、ひどいDVを受ける日々であった。嫁姑関係が最悪であったのだ。「この子の躾がなっとらん」と汚く愚痴る祖母に対して、生活費を渡すために働き疲れていた母は激高し、私の足首を持ち、ふりまわす始末であった。気絶しそうな時に絶妙に終わるのであったが、まあ、お金の多寡を巡る駆け引きであったのかもしれぬ。

帰る間際に、井戸端などで「ごめんね」と母に抱かれるのだったが、私は途方に暮れるしかなかった。そうであっても、母を待つのが、子供心であった。

私はいわゆる「おじいちゃん子」でもある。「よく似ているよ。そっくりだ」と言われたものだ。隠居暮らしの祖父は山歩きや磯遊びが大好きで、とりわけ、若い頃は女性が大好きな助平男で、アチコチで子供をつくり、祖母を苦しめ、酒好きで、機転の利く、おしゃれな、親分的性格でもあったようだ。

ウナギ釣りや海辺の貝掘りや奥山の山菜取りには、絶えず私を同行させた。山の中では「ここで動かずに待っとれ」と、放り出され、いつまでも戻ってこないので、やがて怖くなり、ビイビイ泣いていたものだ。その当時のトラウマで私はすっかり山嫌いになった。小学後半期に町場に暮らす父母の元に、家出出奔するまで、バラック造りの祖父母宅での生活は続いた。あのバラック家もおそらく祖父が自分で作った「ハンバ小屋」であったのだろう。窓のないベニヤ張りの家だったから。


小学生だった父にとって、この佐喜浜は「ひどい僻地」の感覚だったと聞いた。以前は小田原という由緒ある町に住んでいたのだったから、なおさらであったろう。父にとっての摩訶不思議は、漂流民的私が偶然にも後年に小田原に住み着き、仕事など始め、その地によばれて暮らしていることだろう。

八十年前の佐喜浜は、現在以上に辺境地であったはずだが、人口は今より多かったのではないだろうか。都会から来た父は「級長役」などを務めさせられたと言っていた。

また、メガネを壊して、泣きながら、浜道を歩いて室戸まで行ったことなど、目を細め、病床のベッドで話してくれた。十年も前だろうか、父の戦友会旅行のついでに車椅子を押しつつ、父と母と三人で、この地を訪ねたことは親孝行であったのだろうか？

今はこうして漂流し、行方の定まらぬ親不孝者であるが。

佐喜浜八幡宮の参道や狭い路地をゆっくり歩き、父や祖父のことを妄想し偲んでいた。

白い蝶が菅笠や杖にとまる。蝶は亡き人の魂を運んでくるというから、この蝶は祖父でもあるか。「お前はどうして、ここにいるんだ？　フラフラと、なんばしよっとか？　また、サレキの虫の騒いどるとか。しょうもなか」と祖父の声が聞こえてくる。

祖父と過ごした想い出がよみがえる。それは確かに私にとっての原風景だ。

惜しみつつ、佐喜浜を離れて、やがて父がベソかきながら歩いた海辺道を歩み、室戸岬に立つ。岬は行き止まりの感深く、ここより先の風はどこに行くのか。

壊れた時計のようにいつまでも岬に座っていた。

岬は寄る辺なき魂の流れ着く場所のようだった。

寄せ波や悔悟に揺れんしぶき哉
海鳴りに遠き祖をば聴いており
はみだして座っているよ海のはじ

初蝶の我に問いくるどこに行く
夢浅く彼方に消えしひらら蝶
いろいろの色開かれり春の花
病む父に淋しき石文残しけり
明星も銀河も遠き雲居かな
法を説く狐や白き風になり
室戸崎風にあおられあてどなし
散り椿踏みて岬の遍路道
ここよりは海に落ちなん白灯台
旅蝶の祈りや海の青に消え
消えんまで命をゆらす風灯台
風の果て吹きくる先に歩みゆく

歩み、そして書くこと

岬風強く二十四番札所最御崎寺《ほつみさきじ》に詣でる。堂宇の樹木は激しく揺れて今にも折れそうだ。寺のベンチで風を避け、ぼうっとしている。そんなふうに、拉致された時間がどんどん長くなる。

二十五番津照寺《しんしょうじ》の門前宿に宿泊。この室津港も「掘り込み式」の実に美しい古湊だ。高知にはいくつかの掘込港が点在するが、どれもが興味深く、「古港」オタク愛好家の私は偏愛する。当時にあっては、膨大な人力とお金をかけての工事であったろう。それゆえ、難工事には悲しい「物語」が伴う。ここにも、そういう悲話があった。

土佐は台風が多く、黒潮の流れる大海の傍であるゆえ、安全な避難港は漁民や交易船にとっては切なる悲願であった。

現在の室津湊は港に寄せる海人の、原初の心が沈んでいるようで、深い濃藍色をたたえていた。

ここには紀貫之の「土佐日記」の碑もあった。学生時代に古文の授業で習ったものだ。「女もすなる日記というものを、男もしてみむとて……」で始まる。

老齢になって赴任させられた貫之が土佐から都に帰るまでの旅日記であったか。

「この室津には天候悪く幾日も足止めされ、水浴びしようと、まあまあ適当な場所に下りて、遠く海を眺めた」と、案内板にある。当時の旅は日和を見つつ、小舟で沿岸をつたい行くもので、海賊やら強風やらを心配しつつの、まるで予定のたたないものであったようだ。

室津の遍路宿の夕食では「室戸の春」を珍しく、美味しく、頂く。

美味で、懐かしいものばかりで、その心づくしのおもてなしが有難く元気が出る。

土佐に来て鯨の肉の固さかな
マンボウの哀しき顔の肉喰らう
口に咲く春の苦さや浜アザミ
掘り込みの小船と眠らん月泊
掘り込みの青き湊や貫之碑
室深き青みを月も覗き込み
移ろいの春に消えたり旅日記

カメラで拾う景色の愉しみ。それは遍路旅が私に教えてくれたものだった。

道々の「捨句」同様、ただただ、興味のあるものをパチリパチリと愉しむことにする。

暖かい土佐に来て、春の花に多く出会う道中ゆえ、遍路の長い歩行も苦にならない。夏遍路との違いに苦笑するほどだが、花の名を知らなすぎる。つくづくと情けないが、花の写真だけが多く集まる。別れた妻は花の名を良く知っていたと、絶えず妻の顔が浮かぶ。

二十六番金剛頂寺《こんごうちょうじ》に詣で、土佐浜街道を西へ西へと進み、吉良川町の古い町並みを歩む。今年初めての燕が流線形に舞うのを見る。水切瓦の漆喰壁や「いしぐろ塀」をピュッと切裂く飛翔が美しい。初燕がこの古い浜街道を訪ね、多く舞い飛ぶ姿は実にすがしい。

長い旅をした鳥が古く美しい土佐漆喰の海辺町で子を産み育てる。最近燕が少なくなったとの報道であったが、水田や農薬や家構造の近代化ゆえだろうか。こうして地方を歩いていると、古い街並みや旧い住居の残る地域に、燕は多く飛来すると感じられるが。誰か調べていないものか？　都会では、燕が巣をつくる泥さえ集まらないのではないか？

燕は「壊れていない世界」を知っているのだろうか。

早苗田に巡礼ぽつり杖の影
枇杷花を咲かせて待たん土佐海道
初水の田に白鷺の影ひとつ
雲映す苗田に鷺の足模様

スカンポの貧しき頃やちぎれ雲
道野辺に捨てられてあり今日の我
土佐古町虫籠の窓や舞燕
水切りのスカートはくや吉良美人
古町のじさまばさまと膝の猫
漆喰の軒に燕の巣を数え
春がほら道辺の花に笑いたり
道野辺に花追う遍路の足遅し
生きてあり花に迷わん春遍路

吉良川を過ぎると羽根崎に出る。ここにも土佐日記の碑あり。

「一月十日『奈半の泊り』、十一日羽根崎をゆく」とある。「冬の旅」であったのだ。

「まことにて名に聞くところ羽根ならば　飛ぶがごとくに都へもがな」とある。

さしずめ、超特急、新幹線で大急ぎで、都に帰りたいとの、老齢者の歌であろう。

紀貫之が土佐守に任じられ赴任してきたのは六十歳を超えていたというから、当時に在っては老人であったろうし、官位も低いものであったという。日本初の仮名文日記で、その後の

「日記文学」は日本文学の特徴ともなり、更科、和泉式部、蜻蛉などが続くのであるが、その始まりが「土佐の旅日記」であることは遍路者には嬉しいことだ。芭蕉の「奥の細道」などは大傑作旅行記でもあろうか。多くの庶民も旅記録を書いていることは日本文化の特徴らしい。四国巡礼も多くの記録が在ると聞いた。私もこうして稚拙な旅日記なるものを書いたりして、長い旅を励まし、慰めている。俳句と呼ぶにはおこがましいので「捨句」と呼んで照れ笑いしている。

私にとって、この遍路は忘れられた日本の「原風景」を見出させてくれる旅であるようだ。日本の良き風景は、辺境の地のそこかしこに、さり気なく残っていると思われてならない。途方に暮れて暮らしていた幼少時代に、傍に在って、慰藉し、楽しませてくれた自然の多くの営み事。それらが遍路の道先に落ちている時間旅が、私にとっての遍路行であった。

その土地に生まれて、囲まれて、育った自然から私達は世界を学んできたものだろう。熱帯の民や極北の民の自然と環境は私達とはまるで違う言語や信念や慣習をつくる。私達の住むこの日本の自然の恩寵を忘れた時に、私達はどこの民になるのだろうか？それは資本の望む、携帯などのネットワークの国の民になっていくのだろうか？

今日も、ただただ、一日を歩むだけであるが、歩行のリズムが連れてくる幸せが私を時折襲う。

おそらく歩むという遅い行為が連れてくる世界があるのだ。

長く歩いていると、どこを歩いているか、どこに向かうかなど、やがて、どうでもよい時間が訪れる。ただ、歩いているだけなのに、私を遠い世界につれて行く歩行の時間。

もう、戻れないと思うことさえある不思議の感覚。歩みつつ、ゆえなく涙が流れたりする時、私は多分私流に祈っているのであろう。歩くことが「浄め」の行為であるような、そんな一人の、孤独が、落ちてくる道辺の時間を、彷徨っているに過ぎない私の遍路行。

効率を求めて、忙しく走りまわる現代人であった私の消費した時間。その間に、忘れ去られ、壊し、傷つけ、見捨てたもの達は何だったのか。何よりも私は私自身を見捨てていたのかもしれぬ。こうして、歩む先の、なにげない場所に、私の「聖地」は落ちて待っていた。

それらは素晴らしい眺望というものではなく、平凡でありふれたものであったりもするが、不思議に身体と心が一致し、合体し、祈りに近づく時間であった。

単純な歩行の日々、社会の重圧から逃れた自由で簡素な行為。歩むというだけの行い。

背に抱える荷物の少なさ、生きていくのに必要なだけの荷物は、少ない方が身軽で束縛されないという真実。心に抱えた荷物さえ、一足ごとに少しずつ道に落ちてゆく。そんな歩行の日もある。

「さあ、新しい今日を、歩もう」と、遍路の日々を続ける。

現在の私は「大都会に帰る」などマッピラ御免である。そうは言っても若い時分には家出同然に故郷を捨て去り、東京に向かったものだ。都会では、うまく立ち回ることも、強くなることも、優しくなることもできずに、青い熱量だけを持て余して、住家もなく、下町や工場群を流れ暮らしてもいた。確かに都市は便利で、刺激的で、過激な末梢神経の露出はきらびやかで眩しく輝き、激しく鋭く「個人」の乱立した超過密競合世界であった。もちろん、それらは「資本」の要求ではあったが。我々の造った現代都市景観には「調和」という和音や天然自然との共存の息吹は極めて弱く、私は絶えず空気を求める迷子のように都会を漂流していた。欲望と商品と自我の主張がコレデモカ、コウデスヨと毛羽立っていて、金もなく、その世界を歩いていると、身体の芯底が傾いてなぜか疲れるのだった。私はいったい何処を、さ迷っていたのだろうか？　それも長い年月。

近代の私達は根を失くして漂流しているようだ。ああ、それは私のことか。

渇望と不安の箱舟に揺られ、成長欲のエンジンをコレデモカと焼き切らせ、もっと先に、もっと先にと急いできた。私も自分の会社を興し、その先頭で走ってきた。

どこに急ぐのか？　私にはわからなかったが、ともあれ食えるだけ以上の仕事を目指した。少年時代に超貧乏を味わった私には、食うための仕事漬けの日々は苦労でもなく、毎日が飛ぶように急がれて、過ぎて行った。おそらく敗戦後の日本もそのようであったろう。どこに急いでいくのか？　資本主義の行きつく先の果ては？　などは考えもしないで「24時間」働くのだったろう。今でも、資本はそれを要求しているか。

私達は総じて故郷喪失漂流者の群れであったか。

誰にも止められない資本と強欲の行きつく先はどこなのだろうか？

成長神話教の教えとは何のことだろう？「日本を取り戻す」というテーマは怖い合言葉であるか。「便利」を求め来て、狭く窮屈な心に、行き詰まっていないのか？

株式会社の親玉が日銀などと、だれが予想したか。札束は印刷すれば、いくらでも出る玉手箱である。この世の「竜宮城」はどうなってゆくか。それはスマホに記してあるか？

人々は蛍光する画面の信心者なのだろうか。現代社会は情報を食らい込み、立ち回る者が勝ち残り、やがては、天文学的な貧富の差を産み、そこからこぼれる多数のいら立ち、あきらめ、憎悪に溢れるのだろうか。やがては盲信者に操られてろくでもない災難にまみれるのか。

気候を壊した天然世界から、人類は猛反撃を喰らうだろう。

多分、もう誰も止められない。

運転手がいなくなった暴走機関車の乗員の末路はどうなるのだろう。

こうして歩んでいると、都会に吹く風と辺境に吹く風とは、まったく違うものだと、私には感じられる。寒さ、冷たさ、涼しさ、温かさ、厳しさ、でさえ。

被災地の風もこのようであった。

多分、数年も経つと、被災地のことも忘れ去られていくはずである。

世界は大きく変貌している。今少し、消えてゆく季節と歳時記を歩みたいと願うばかりだ。

私はもうじきこの世から去る者のひとりである。

遍路の旅はそれらを風のように峻厳に知らせてくれる。だからゆっくり歩もう。

私は「ここでなら死んでも良い」と思える場所を探している旅人だと、幾度も幾度も思いつつ遍路道を歩んでいる。

人の世の暮らしを逃れ海の果て
浜の石積重ねてる土佐遍路
この旅の果てに出会わん浄土浜
消ゆるまで命惜しまん春遍路
黙示録読みたさに来る大海原

この道や人のなしたる先の道
鯨釣る夢見るあいだの命かな
補陀落の海向く土佐の渚墓
春ビナのほろほろ落つる渚道
海鳴りに幼子眠らせ貝拾い
海鳴りの磯に育つや貝の夢
海原を初蝶飛ばん土佐の午後
宿無しの人にも明るき空もあり
遠く来て蓮華にしゃがむ冷たさよ
人去りて春麗しき風の道

浜近くの宿に荷物を預けて二十七番神峯寺《こうのみねじ》に登る。この道は打戻りにて、宿で知り合った遍路さん達とすれ違う。当然、私が一番ビリである。「おや、今日はどこで道草ですか？」と聞かれたりして別れる。再び会うことのない人々が「お元気で！」「また、会いましょう！」と声を掛け合う遍路達。しとどに汗を流して、坂上の神峯寺に詣で、神泉水を頂く。

今回こそはと、この寺の、さらに上に位置する「神社」に向かう。さらなる道草である。

うっそうと茂る樹林の苔むす石段を登る。樹齢九百年の大楠に出会う。これだから道草は素晴らしい。恐る恐る近づいて、大楠の幹に手を触れると、何やら身体が震えて、涙が溢れる。近くに大杉の巨木もある。「何事のあるもしれず涙のこぼれる」だ。

さらに、急な石段を登ると、その上には見事なる石組みがあり、再び急な石段が三十二段ある。

頭上には実に凛とした社殿がひっそりと座し「神の峰神社」とある。見事な石積みの上に、本殿が鎮座している。神域に入る心地して、肌が泡立つ。四国八十八ケ寺の寺は、わずかな寺にしか「神域感」はない。ほとんどの寺には心震わせる厳粛感はない。しかし、この社は怖いほど良い。

さらに、この神社には、誰もやってこない。それがまた良い。入母屋造り柿葺き屋根とある。時を忘れて、森の社の静寂時間にひたる。さらにこの森の上には燈明巖という巨岩があり、訪ねる。「大昔より国家に大問題があると、夜半に青白く輝き、光を放つ」とある。「日清日露、関東大震災、太平洋戦争、南海大震災」に、この岩は、光ったとある。

今回の津波や原発事故ではどうであったのだろうか？　異変のたびに光るのであれば「想定外」の多いこの浮世では、多忙極まりない巖になりそうである。人のなすことほど、恐ろしいものもない。そのような力を人類はますます強く持つようにさえなったが、ヒトはさして賢くもならず、学びもせず、「成長神話」を繰り返して、幾多の解決困難なる「いくさ」をも、理屈をつけて、起こすようだ。イヤイヤ、さらに賢くなって、人間ではなく「ＡＩ兵器」とやらが「殺しを請け負う」。そんな時代がすでに在る。この地球星を司るのは人類の世紀であるようだ。実にうすら寒い世紀であるか。夕暮れが迫り、神峯寺を転がるように下りきり、海辺に立つ。

鉛色した黒雲が水平線を際立たせ、青みをすべて消し去った海が、暗く重く沈んでいた。まるで地底のごとき鉛色の空と海の黙示録的光景が広がっていた。地球終末のごとき景色を、飽きずに眺めていた。風は冷たく、強く、明日の雨を約束していた。

陽も陰り社殿の段を急ぐ蟻
桜二分わが心ほどの寺の堂
山寺の雲とび去りて樹の騒ぎ
気狂いていかに咲きしや人世花
燈明の巌も黙せる「想定外」
山に来て愁いを抱いて去る遍路

花ゆえの明るき闇に眩暈せん
海暗し明日の旅路の約束事
夕遍路闇に続けり道の先

深夜、風雨激しく幾度も幾度も眼が覚める。海辺の遍路宿の床下を洗うほどのすさまじさだ。

朝、その激雨に怖気づいてもいられず、雨の中を出立する。土佐黒潮鉄道「ごめん奈半利線」にそって西へ進む。国道を歩むと車の水飛沫が顔に降り注ぎ閉口するので、海際にある海岸道路を歩くことにした。するとそこは、強い横殴りの海風が激烈苛烈猛烈で、「ジジイに情けは無用！」とばかりに襲うのであった。大波は防波堤ブロックに激突し「波の花」がブワブワと生じ、その泡はふわりと空中に立ちあがり、すぐに、強風に吹き飛ばされ、国道をフワリフワリと越えてゆく。その異様な景色に見とれ、その波景色をとらえようとカメラを取り出したら、カメラキャップもピュウと吹き飛ばされた。遍路笠を押さえつつ、堤防道路をヨロケ進むジジイの有様に、おもわず苦笑いで返すしかない。

浜千鳥公園を過ぎて道の駅「大山」にて、濡ジジイはふらふらよろよろのトイレ休憩。

深呼吸し、さらに先の八流山極楽寺に向かうに、勇気がいる。

極楽寺を過ぎる頃に、やっと雨上がる。蒸れたカッパを脱ぐと、世界は急に軽くなる。

小枝や若葉が路上に散乱しているが、琴が浜の松並木サイクリング専用道路は遍路にとって心嬉しい道だ。怖い車がやってこない道は歩き遍路には優しいギフトだ。早咲きの桜に迎えられ気持ちも徐々に晴れてくる。やがては海を臨む浜の縁台に座り、曲松の緑陰の下、わずかにうたた寝する。眼前には白砂を敷いた太平洋が広がり、雨上がりの春風は美味極上で、土佐の涼風に微笑さえ漏れる。夏の遍路時には脱水症状で倒れて、ここで寝ていた場所だった。鯨を釣る夢をみていたら土佐なまりで起こされたことを想い出していた。

荒磯に土佐の汐吹く波の花
枇杷の葉も天指す若葉も雨に濡れ
背を押さん岩屋の颪の崩れ波
笠に落つ雨の打音やよさこい節
茱萸の木の白き葉裏や浜中州
よっちゃれややがてどうなれ浜嵐
浜千鳥飛べずに隠る叢の陰
なにもかも濡れて船寄る石湊
磯茱萸の赤き蛍や粒の雨

藪いばら波濤に向かう香に急ぎ
琴ケ江の浜上げ舟も濡れそぼつ

春華に香る土佐の道と「絵金」蔵

香南市（旧夜須町）に入り、海辺近くの宿をとる。

南島諸島にまでつづく、海軍の特攻基地跡の碑がある宿だった。

夕陽の沈むのが一望できる部屋で夕食を頂き、遍路一同は大感激。

翌日。古い掘り込み港の「手結湊」を尋ねる。土佐藩の有名な執政官であった野中兼山の碑が建つ古湊である。港の原風景を感じさせる古風な石組湊は実に美しい。現代の港は多量のコンクリを流し込み、土木行政税金ドップリの「殺風景なコンクリ港湾施設」ばかりであるが、ここはなんとも美しい。眼下には緑青色の船溜まりがひっそりと沈み、古格ある港施設が時の風雨に耐えている。その姿がなんとも素敵だ。時間と技術で作り上げた土佐古武士の気骨ある記念すべき湊風景に感激して時を忘れる。ここに最新式の可動橋があるのも、なんだか可笑しく、離れがたく見入っていた。遍路時間のギフトがここにも、ひっそり落ちていた。

レンギョウのこぼれる鄙や古湊
水青み枇杷影揺れん手結港
石組みの土佐古武士なる湊かな
ちりぬるを旧き湊の常夜灯
老梅やいまだ成らざること多し

赤岡町に入る。念願であった土佐絵師の「絵金蔵」を見物することができた。当時の風情に似せて、闇の中にて「提灯」を下げて屏風絵を見物するという美術館で、実に面白く珍しい趣向であった。何やら時代がかって、絵金にふさわしく、血染めの絵が、さらに生々しく迫ってくる暗闇での鑑賞を独り喜ぶ。愛憎の迫りくる絵金絵に絵空事とも思われず、痛く胸に刻まれる。

遊興の少なかった時代に、こうした絵が夜祭りの灯りに照らされ、「義太夫語り」されたりする時、人々にはひときわ強い印象で、心に残る宵闇であったろうと想像する。この時代には、妖怪でさえ身近に生きていたものと思われて、宵闇の薄暗さに浸る。まことに面白き美術館であった。

人蔵の闇を尋ねん迷い人
宵宮の影絵芝居や絵金蔵
貝の夢つぶして泥絵の血色哉
義太夫の喉切り裂いて声の立ち
闇なれば獣の匂い臭き息
落ちかかる黒髪紅夜血糊刀
匂い立つ愛憎の世なり人狂い
補陀落の浪観音も血ぞ匂う
愛憎の血赤や泥世に咲く命
我もまた愛憎芝居の旅遍路
愛憎の悲しき朝や道昏し
さりとてもいかに歩まん遍路哉

この日は、大日寺《だいにちじ》に行く途中の野市駅から電車に乗り、高知城近くのビジネスホテルに宿をとる。

今回の遍路で、初めて乗り物に乗る。高知駅前では龍馬などの銅像も建ち、春のイベントで混雑。高知城も桜満開の様子で賑わっていた。有名な土佐の「日曜市」の近くの宿で嬉しい。

翌日は春の嵐。アーケードのある高知の繁華街で、靴下やジンマシン薬や大風に飛ばされたカメラキャップなどを調達する。アーケードを一歩出ると、一瞬のうちに濡れ鼠になるほどの横殴りの風雨だった。傘をもった女性がスカートをおさえ、悲鳴を上げて、しゃがみ込む。

喫茶店や本屋に立ち寄り、雨中歩行の遍路さんのことを想いつつ、久しぶりに街場の一日を過ごす。

翌朝、鉄道に乗り「野市」というところに戻り、先日の終了地点から歩き遍路を始める。

昨日の春の嵐は大気中の塵芥を残らず地上に洗い落としていた。

そのおかげで土佐郊外は超極上の無垢な快晴で見事な天空景観となる。

ひと雨ごとに四国の春は成熟し膨らみ盛り上がり、夏を孕んでゆく。

春山のなんという艶めかしい豊穣さ。悩殺され、くらくらとめまいがするほどだ。

城ひとつ桜花に笑う天守哉
街辻や蕨餅売る土佐の市
初筍の市立つ朝や土佐の風

文旦の出店に積まれし朝の市
ぶんたんの九つほどによろめきぬ
野蒜売り土筆も売らん日曜市
川土手の桜も笑う町はずれ
一列の桜花や紅の眉流れ
自転車の小娘唄う桃花路
春嵐地蔵衣紋もめくれたり

二十八番大日寺《だいにちじ》に詣で物部川を渡る。春風は草木や水香を運び、山々が粒子の細かさで笑う。春遍路に祝福神が舞い降りてくる。代掻きの耕耘機がアメンボのように狭い水田を幾匹も動く。今では田んぼの畔もコンクリづくりとなってきたが、それでも「稲田光景」は日本の原風景というものだろう。豊穣な歩行世界に酔う遍路の時間。田水に浮かぶ雲や桜や草花や蝶を愛でつつ、蛙の声とともに、春の道を歩む遍路は「極上散歩」というものだ。

次の寺へ急ぐ足がどんどん鈍くなる。
私にとっての遍路行は「道々」にこそあるのだった。
自然万物は命のままに、道々に輝いて息づいて、おそらく、私はそれらに淫している。

人間にとって「道」がまだ、異界の世界であった頃。
道という漢字が「首」も持って歩く意味で包まれた世界であったように。
そのように「道」を歩いてみたいと願っているのでもあったが。
私は急がない。ゆっくり歩む。忙しすぎた時間を捨てて、路上にやってきたのだった。
ゆっくり、長く歩む。やがてどこを歩いているのかなど、どうでもよくなる。
そんな時間がやってくる。外を発見し中を見出し、それらも、ぼけてくる。
わけのわからない「恋しさ」が満ちてきて、途方に暮れる迷子のようになる。
それは良いことではないだろうか。

道に咲く命をいちにち歩みたり
春に来て春に惑いし花遍路
水ぬるみ渡しの川を越えん春
田水揺れ地蔵渡しの国分道
どの足も春野の花に迷いけり
旅人のわらじによせる願いごと
古市や菜花の蝶と踊る雲

まっすぐな菜花の道をまっすぐに
春がほら音符に踊る緑草
春に来て花曼荼羅の菩薩道
旅をする旅の答えを花に聴き
この道の先知らずとも行く春ぞ
どの悔いもやがて咲かなん花暦

散り落ちてくる極上の孤独と幸せ

命そのものを祈ることが「咲く」ことであるように、二十九番札所国分寺《こくぶんじ》の桜花は超満開の笑顔で訪れる人々を迎えてくれた。

桜花に綾なす春光は堂宇内に溢れ、満面の笑みをこぼし、遍路をいざなう。

私達は幸福の形を祈っている札所寺に一歩ずつ静かに踏み入る。

折しも新婚の花嫁衣裳を着た娘さんの写真撮影が行われていた。

そのことが、なおさらに、堂宇内を春の祝祭で飾り、この札所に命の喜びと祈りを溢れさせる。

惜しげもなく、ほろほろと、そこかしこに春は落ちこぼし、舞っている。桜の花びらに染まる私達。古い社殿の清楚なたたずまいと、散る桜花と花嫁の笑みと、花嫁衣裳の流れ裾を追いかける夫の若く健康な白い歯と、見守る遍路姿の微笑。参拝の人々もおもわずカメラをさし向け、祝い合う。「おめでとう。おめでとう」と声が堂宇に響く。そこに、遍路達の鈴が鳴る。

至福の春の幸福な時間に、ただただ、見とれている私達。

それぞれの祈りさえ忘れるほどの春の札所の光景。

私は長い間、世界が止まったような多幸感に包まれ、ぼんやりと寺のベンチに座っていた。

やがて強い孤独感も同時に押し寄せてきて、涙が溢れて、困るのだった。
しかし、それは、多分極上の孤独で、幸せであったのだろう。
「美しきものみし人は、はや死の手にぞ」の世界であったのだろうか。

花散らす風追い人と春を問い
花舞うて迷子の命老い遍路
置き去りの孤独が一つ咲き落ちる
故知らず涙の落ちん花の時
遍路去り独りの花を舞う札所
旅蝶の羽ある限り花の先

三十番札所善楽寺《ぜんらくじ》に詣で、土佐一の宮神社にて長い時間を費やし、参道を下り、高知市街に入る。やがて、三十一番竹林寺《ちくりんじ》に向かう五台山の段を登る。牧野植物園は春花を着飾り、「花の皿鉢料理」とかの趣向にて、目の覚めるような花園であった。幾時間かを植物園の春花祭りに酔う。
牧野氏の物語など、昔読んだが、ただただ無垢な一筋道にて、草花への恐ろしいまでの楽人偉人傑出人であったような。今日の竹林寺は若葉が美しく、桜はすでに散り始めの風情。

　こうして季節は足早に進む。緑の苔が美しい竹林寺で、有難い菩薩像に合掌し、やがて竹林寺の急坂を下る。下田川の「へんろ橋」を渡り、三十二番札所禅師峰寺《ぜんじぶじ》に向かう。

土佐一宮遍路がひとり木立哉
墓に来て山菜摘みし媼たち
花明り地蔵の頬も紅模様
鷺鳥のコロニー抱ける五台山
毘沙門の眉を伸ばせる山吹花
春繚乱土佐のはちきん花皿鉢
すえこ草一途な人の花の愛
いまさらに文殊菩薩に頼みけり
捨句して独りの旅を励まんか
ちりぬるを言の葉花に降り落ちよ
魚跳ねて銀の腹見ゆへんろ橋
苗植えて昼餉の莫蓙や桜餅

土佐土市石土ヶ池や銀の波
どの悔いも澱みに沈む石土池

禅師峰寺の山坂を登りきると、芭蕉の句に出会う。

列風にとがれたように岩がむき出し露出した寺境内の一角にそれはあった。

「木枯しに岩吹きとがる杉間かな」

そんな境内に、桜の花びらが降り舞う景色は美しくも危うい。

ベンチに座ると、太平洋が一望でき、これから歩んでゆく桂浜やその先の半島が一望できる。

ここからもっともっと、遥かな先に、一足ずつ歩むのだと、強い実感が湧く時間。

沖を一艘の船が積み木のおもちゃのように滑ってゆく。遍路時間がゆっくりと滑りおちる。

海鳴りを聴かぬ日はなし峰の寺
つわぶきの岩間に潜む蟻の列
海鳴りと流れ佛と倒れ墓
海近き墓も砂間に埋もれたり

冬の間、昔の乞食遍路達はこの三十二番札所から三十四番あたりをウロウロしていたとある。この付近が極寒時期を避ける乞食遍路達の「冬場避難地域」であったようだ。春になると土佐国を出て、接待講の多い地域を目指したとある。

乞食遍路に対して、土佐藩は厳しく規制したが、いたちごっこでもあったらしい。山中に逃げると、そこの住民も貧しいのだが、人情深く、助けたと記録にある。娘巡礼記の高群逸枝の本にも乞食遍路のことを「灰色の敗残者」と書かれ、どの人もこの人も不自由で痩せて「死の勝利者」のような乞食の群れで、本能に基づいた利己主義者で、大師の信仰などなく、失望する、と書かれていたのを記憶する。この四国に命を捨てに来る。住む家を喪失した巡礼乞食者や病者達の道行遍路旅の様子であろう。私も他人事ではないか。路上暮らしの日々には、夏は北に逃れ、寒い冬は南島を漂流しているのだったから。やがて、どこかの路上で、くたばるのを覚悟の漂流であるが、どこか良い景色の場所であればと願うのであった。

三十三番札所雪蹊寺《せっけいじ》に詣でる。境内では土佐特産の生姜や文旦を売り、車遍路さんが買い求めていた。ここよりは、合併する前の「春野町」新川沿いの道を歩む。

どの田にも水が張られ、苗床が準備され、田植えを待つばかりだ。しかしこの日は、冬型の気候で花冷えする涼風が吹き荒れ、水を張った田はサワサワと波立つばかりだった。

強風のせいで、道辺の満開桜は惜しげもなくはらはらと散華し、それらの花弁はすべて用水路に集まり、とぎれることのない花筏となり、ピンクの桜花が次々に流れてくる。

三十四番種間《たねま》寺に詣で、さらに西へ。やがて日本一の清流とうたわれる仁淀川に出会う。

土佐は清流が多く、どの川も美しいが、仁淀は「仁淀ブルー」の名を冠する川である。太平洋の気流は急峻な四国山脈にぶつかり、山塊に雨を与え、森を育て、たっぷりの養分がしみ込んだ水が流れてくる。それらが土佐の清冽な川を育て、豊穣な海の幸をもたらす。

過酷ではあるが、満点の自然が息づく美しい土佐国である。過疎地域が多い地域ゆえ、生活排水流入も少なく、ゆえに、どの川も比類なく美しい。仁淀川にぶつかる手前に、涼川橋という古風な石組の眼鏡橋があった。仁淀川の水を春野平野の水田に取り込む取水口などの施設であるらしい。その先の堤防には安政の燈明台と新川太師堂が建つ。古い太師堂には古墓などあり、行き倒れた人墓でもあろうかと手を合わせる。この広い台地と空と清流の傍で、命を終わらせるのも悪いことでもないなあ、と思っている私がいた。「仁淀川」を書いた女流作家のことなど偲んでいた。

まだ寒き春野旧町風の足
ほろほろと水路に集う花筏

春野来て新川流し太師堂
清流に水引き入れて涼川
朽舟や仁淀土手行く老遍路

昔は舟渡しであっただろう仁淀大橋を渡る。今は架け替え工事が進んでいた。

日本には耐用年数の終わった橋が多数に存在すると報道されている。私達の世代とともに成長してきた橋群であろう。人の命は消えてゆくが、橋は補強したり建て替えたりを待っている。

膨大な予算が次世代につけ回しされる。そんな時代を私達は「今の便利」を思案して、生きてきたようだ。仁淀ブルーと呼ばれる深い藍色の流れに触れたく土手を下り、歩み疲れた熱い足を冷やす。火照った足が清流に洗われ、気持ち良い。さらに上流に歩む。この深い藍色は私に被災地の幾つもの小湊を思い起こさせた。あの被災せる湊達も、深い入り江と瀬川と森に育てられ、湾岸の海水は森のミネラルを呼吸し、それぞれの土地色のブルーに染まり、幾層ものグリーンを透き込んだ宝珠の川と湊群であった。そこでは海鞘や牡蠣や若芽や小魚が豊かに育っていた。今回、それらの浜は津波で、残らず破壊された。本当に残らずだった。

当初は濁っていた海が、半年も過ぎるあたりから、元来の色を取り戻しつつあったし、その頃には、逃げたカモメ達も戻ってきていた。被災地特有の匂いも消えてきた。

私はそれらの光景を被災した浜の人達と日々眺め暮らしていた。
あれから一年が経つが、何も始まってはいない。壊れたものは戻っては来ない。

特技は「寄り道の鼻がきく」

古い商店街を歩き、三十五番札所清瀧寺《きよたきじ》の坂を登る。高台にある清瀧寺からは市内の町並みや仁淀川やその先の海が一望でき、海は半島に乗り上げるような奇妙なタブローにかすんでいた。

遠くに浮かぶ島影は室戸岬だろうか？　今日の一歩が私をどんどん遠い所に連れてゆく。こうして漂泊道辺にあることを「日常」と定めてしまうと、広い大地が、わが庭わが家のように感じられる瞬間が、ほんのわずかだが、時折訪れる。そんな幸せな時間はめったにこないから、決して急がないことにする。急ぐ人には見えない世界が、歩き遍路や漂流暮らしには瞬時訪れる。

その一会を、抱きしめ、じっと浸っている。私達のほとんどの日々は、何かに追い立てられ、急ぎ足で進む。自然から拒絶されていると感じる時、疲れていることが多い。

私の生まれてきた日本という国の季節ごとの風景は実に多様で美しく、何気ない路傍の光景でさえ神のように輝く瞬間を準備している。一方でいたましいほどに汚し、壊しているのも私達だが。

歩いてゆく先々の道に無造作にそれらはありのままで転がっている。

清滝寺では、下界から吹き上がる風に、桜花がヒラヒラと宙に舞い、薬師如来の背輪の中にフルフルと舞い落ちてゆく。なぜに世界はこんなにも美しく悲しいのか。

私は疲れてきたのだろうか。

白蝶や風に飛び舞う仁淀川
青深み水辺の春の愁いごと
春蝶のはらりと落ちる昼の月
夕旅や茜に染まる鈴と杖
現世をただ一見客なる人の時
もうひとつのこの世の春もこのようか
どの影もくたびれており夕遍路
明日もまたあてどのなしや道の人

早朝、高岡の町辻で遍路姿のおじいさんが地図を片手にウロウロ迷っている姿に出会う。「どこに行かれるのか？」と尋ねると「清滝寺です」と答えられるので、道順を教え去る。数キロも行ってから、うかつにも間違った道を教えてしまっているのでは？　と気づく。「情けない奴だ、早とちりだ。大馬鹿野郎！　謝らねば」と自分に腹を立て、清瀧寺に入る国道口まで大急ぎで戻るのだが、おじいさんはどこにも見つからない。しかたない。どこかで会えたら、謝ろうと思いながら、再び国道を戻り、三十六番青龍寺《しょうりゅうじ》に進む。

するとと「窪地」という遍路小屋に、そのおじいさんがポツンと座っていた。

駆け足で「すみません、間違えてしまって」と謝ると、むこうも「いやいや、こちらこそ。青龍寺を間違えて清滝と言ってしまいました」と逆に謝られる。

「おかしいなあ？　なぜ？　先に行かれた貴方が、後から来られたか？　不思議に思ったのです」と問われるので、「いえいえ、私が間違えた道を教えたものですから、戻って謝って、きちんとした道を伝えなければと、捜し回りました。すみません」と答える。

「互いに耄碌に近い爺さん同士の、聞き違い、言い間違いでしたな！」と二人して、笑い合う。

やがておじいさんは「お先に、ユルリと行きますよ」と、トンネルの中に消えてゆく。

「ほっ」として休んでいる小屋そばで、地元の人が集まって草刈りなどをしている。

この遍路小屋の清掃などもしてくださっているのだ。小屋には「捨て猫、捨て犬禁止。エサをやらないでください」と貼り紙がある。突然、夏遍路時の記憶がよみがえる。その時に、ここで、捨て猫が住んでいて、私を慰めてくれた。その時の句まで思い出していた。「お浄土と猫の目閉じる喉の下」なんだか馬鹿らしい捨句だ。行きずりの遍路の私達は、喜んで餌を与えていたのだが、地元の人にとっては長く世話する手間のことだと、今日の「貼紙」で気づくのだった。

確かに捨犬や捨猫に山の麓などで出会うことが多い。そんな四国の遍路道であった。捨犬が野生化して囲まれたとか、宿で話も出ていたのだった。

峠の道を進もうかと迷ったが、私もトンネル道を進むことにした。くだんのおじいさんに、トンネルを出たとこで追いつき同行する。高知の日曜市や高知城の満開桜などの話をすると喜ばれる。

「私は今日のうちに高知に戻るんです。ぜひ行ってみましょう」

「私は決して急ぎません。もう、八十を過ぎました。ゆっくりです」

「皆さんみたいに、日々、先先には進みません。今日は何キロなんて、どうでもいいのです」

「楽しみながら、二度と、来ることはかなわないかもしれない、そう思いながらの、ユルリ巡礼です」と名古屋弁で話をされる。

私の「寄り道迷い道の不良遍路」を伝えると、同志を得たみたいに喜ばれる。

「どうも、ほとんどの人は〝お急ぎ遍路さん〟でして、今日はどこまで行くのか？　何キロ歩いたか？　宿ではそればっかりです。遍路の徒歩競走です。日本人は、どこまでも忙しいなあと、感心してしまいます」

「真面目で、ひたすら目的地に向かうんですね。急いでスタンプを押してもらう」

「そんな遍路さんに比べると、私達は全くの不良遍路です」と二人して、笑い合う。

海辺に出て、私は宇佐漁港に入り込む。折しも小さな港市が立ち、海産物や野菜などの小さな市が立っていた。「芋テン」のアツアツを買って、道に戻り、同志遍路さんにおすそ分けする。

「うん。旨い！　しかし貴方は寄り道の鼻が利きますなあ」と、感心してくださる。

宇佐大橋の手前で幾度も深呼吸をして、橋を渡りはじめる。長くて高い橋ゆえだ。高所に弱いので、足が震える。前方から車が来ない時は、車道に下りて、橋の真ん中を歩み、海までの高さを感じないように、片目をつぶり、見ないようにして、急ぎ足で進む。冷汗をかいて、対岸の「井尻」にたどり着く。すると声をかけてくる男女がいた。「真言宗は悪法ですよ」と、しつこく追いかけてきて、こちらの信仰心を問うことを繰り返す。どうやら、この二人にはどこかの寺前でも会ったようだった。宗教問答は嫌なので「〇〇会さんですか？」と聞くと、

「そうだ！」と胸を張る。振り切るために「私の宗教感は、どの宗派にあるというものではありません。しいていえば天地自然のそこかしこに、神やら仏を感じていたいのですが、不良で鈍感ですから、滅多のことでは神仏には会えません。だから、遍路をやっているのかもしれません」と、なんだか自分でもわからないアホな返答である。

「寺ではスタンプも頂きませんし。収札もしませんし、般若心経すら唱えません。私は、不良遍路です。もちろん、論争する知識もありませんので、ごめんなさい」と、頭を下げて、二人から離れる。

捨猫の膝手に残る温みかな
生き物の孤独に慰む窪地坂
置き捨てし遍路が残す破れ笠
里守る誰もが老いし白頭毛
分け入らん風の祖なる旅遍路
ただそっと道辺の花に手を合わす
海空の伝うるものや風に聴く
わからずとも好し今日の風

私は逃げた！　どこに逃げた？

ここに来ると、酷暑の夏遍路時に、井尻浜の簡易郵便局まで案内してくれた少年と、そこの女性局長さんからふるまわれた冷たいカルピスの味が蘇る。その局長さんから聞いた「遍路の風情、ここに極まれり」という昔の「船遍路の話」などを思い出す。

あの夏、私がこの郵便局を尋ねたのは、諍いの妻へ手紙を出すためだった。

苦しい諍いの日々に耐えられず、逃げるように、この巡礼にやってきた三年前の夏。

原因は私の行為にあり、結婚という約束事への違反でもあった。

妻は苦しみぬいて、精神に齟齬をきたし、日々、やせ細っていった。

あの夏の日から数年を頑張ってみたが、結局私は路上に出る決断をし、妻と二人で住むはずだった島の家を捨てて、離れた。ともに住み続けることで、さらに、傷つけることを怖れ、自分も傷つくことを怖れたゆえの「路上生活」であった。「逃げた」と言っても過言ではない。

そんな道を選択したのは私であった。

二人の時間を立て直す自信がどうしても、なんとしても、湧かなかった。

あの時はそれが最善だと思えた。私の魂の薄さは、私が良く知っていた。

私は今、その別れてきた妻や家族のことを、たえず札所で祈っている。

「元気で、残りの人生を、どうぞ生きてください。あの美しい島での暮らしを実らせてください。島の家の広い庭を大好きな花々で飾ってください」と。実に情けない独りよがりの、勝手なる祈りである。人生には、謝ってもすまぬことがある。諍いの夜に妻の叫んだ「ひとでなし！」とは人の心を壊す所業であれば、「ひとでなし」とは、人ではない獣の如くの「人殺し」と同意義でもあった。私の場合、「祈ること」は、ひどく安直で、切ない自慰的行為だとわかっていた。

私は「路上漂流人」になることで、心の平衡を、かろうじて、やっと、保っているようであった。それだけが、幼少期から、私を救う私特有の治療作法であったように。これまでもそうして治癒してきたように。

私はそんな生活を選んで路上に出た。そんな漂流者であった。

振り乱し愛を問う人春のひと
君が瞳の痛みの深さに遁走す
涙粒我が胸奥で弾となり
細き手の我を打ち来るヒトデナシ！
人外の道を踏みこえ果ての海

逃げ迷い人を殺めし遍路哉
春に来て遠く祈らん海の端
春往くや別れも遠し海泊
日もかげり捨句を投げん浜の石
石文も届かぬ真海歩み去り
なんという軽さがひとつ春遍路
影を踏む人の形の遍路かな

若葉や桜が萌え膨らむ三十六番札所青龍寺に詣で、昔の峠道を戻る。海岸通りのアスファルト道が楽ではあるが、「渚の消失」を伴う、便利快適な海岸道路が耐えられなくなることもあるのだった。森の峠道でまたおじいさんに会う。

「やあ、捕まってしまいましたよ。あの、宗教論争に！」

「やっぱりぃ。私は逃げてきましたよ」

「それは、賢いです。私は四十分です。まあ、あれこれ勉強してきました」

「心とはどこに、いかに、あるのかと聞きましたよ。私は技術屋でもあるので、納得できんことはできんと、言ってやりましたわ」

森の中で私達は長い友人のように、話をして別れた。このあと彼はバスで高知に向かうとのことであった。

「お達者で」「お元気で」と、声を交わして、再びと会うことなき人と別れた。

峠を下りた井尻浜海岸で私は長いことぼんやりと座っていた。

内之浦湾の浅瀬にはアサリを拾う人が遠くにみえる。

幼少期、この季節、私は祖父に連れられて、連日のように貝掘り作業に行ったものだった。

隠居祖父の貝掘りや山菜取りは本格的なもので、町の八百屋や魚屋に収穫物を持ち込み、夜の焼酎代にかわっているようだった。祖父の背負子からこぼれるおちる貝汁が昨日のように浮かぶ。

また、天草の離島育ちの妻とも、磯遊びや磯のオカズ拾いの話をしたことなどを、幾度も想い出していた。長く歩いていると、出会った人のことを思い起こさせる時間がやってくる。

だが結局のところ多くの人の中でも、最後に数人だけが残る。

その数人との会話が始まったりもする。

もう、会えない人に、こうして会うことができるのも、遍路の功徳であった。

柔らかき風を纏いて老いの人

向こうから来る人と別れん遍路哉
人消えし跡ばかり恋し遍路道
古里に似たる入り江の春淋し
土佐井尻舟詣でせん旅遍路
磯の香にそわそわいたす浜の人
打ち揃いポリやバケツの汐干籠
宇佐瀬戸の昼サイレンやアサリ掘り
打牡蠣に血をしたたらせ指を吸い
道々に潮汁こぼる背負子哉
磯遊びやがて冷たき火をくべん

奥入江の浦の内湾を歩む。風光明媚で曲がりくねった景色は故郷の岸辺のようで懐かしい。「なずな」という美しい名の宿客となる。船の渡し場でご亭主の話をうかがう。

「この海でいろんなことやってきたんだよ。真珠をやったり、牡蠣やブリの養殖をやったり、今は鯛の養殖だなあ。どれも、楽はさせてくれんなあ」

「筏釣りもやっておる。ここは深さが十から二十メートルと浅い浦で波も風波程度だ」

「おう！　長崎の九十九島の人かぁ。五島には、昨年行ったよ。入り江を仕切って魚を養う技術を勉強に出かけた。この浦も入り江だらけだからな」

「そうかぁ、ここは故郷の海に似ているか。確か松浦とかも行ったなあ。うん。長崎は、いい浦がいっぱいあった。夕陽がきれいでな。まぁゆっくり身体を休めて、明日も歩まんとな。お四国さんも、歩いてでは、大変な苦行だ」

夕食は奥さんが畑で育てた野菜の料理と旦那さんの獲った魚が並び、美味で優しい。

翌朝、「船遍路をしたい！」という私の無理な願いを聴いて、息子さんが船を準備してくださる。

同宿の皆さんも幾人か船客となる。朝、旅の無事を祈願し、宿の皆さんと、手を振り別れる。

舟遍路春に別れのなずな哉
渡し守浄土の舵をとる小船
チヌ待つや浦の内なる釣り筏
深浦の朝風釣らん銀の波

小船は幾つかの入り江をまわり込む。

息子さんは湾内養殖のことや、釣り筏仕事の説明などを楽しく話してくださる。

「昔はここの水も底が見えるほど透き通っていましたが。もうだめですねぇ」

「養殖のエサや生活水の流入や、新しい浄化槽のなんて言ったっけ？」

「合併浄化槽です」私は昔の仕事の知識を話す。

「そうそう、トイレと生活水も綺麗にする浄化槽。それも進んでないのです」

「ようするに、湾全体が汚れて、栄養過多です。もう戻らないでしょう」

「閉鎖的水域の富栄養化現象ですね。流れがないと、汚れは溜まるいっぽうです」

「水を入れ替えることは困難ですしねえ。海の底などは、ヘドロが積み重なっています」

ひとしきり水の濁りについての話を聴く。

「ほら、あそこに見えるのが人工スキー場です。山が剥げています。もう、やっていません」

「そこが、真珠の養殖場の跡です。そこも、やっていません」

「ほら、あの山の上、あそこはホテルでした。大きいホテルで、一番上はラウンジでした。しかも回転ラウンジですよ。雄大な太平洋と静かなこの浦の内の景色をグルリと見物できる豪華ディナーのラウンジです。今はつぶれました。みんなバブル時代の出来事です」

「さて、クイズです。あのホテルの現在は、なんになっているのでしょうか？」

「難しかったですかね。全員はずれです。答えは納骨堂です。仏さん達の美しいリゾート場です。ただし回転してはいません。仏さん達は、目が回ります」なんと素晴らしい案内人であったことか。短い間であったが、舟遍路の情緒も味わえて、遍路一同は大喜び。船は湾奥の「横波」に着く。

こうした遍路時間はますます色濃く、私達を遠い地に連れてゆくのだった。横波から須崎に向かう。春山の緑の諧調はとりわけ美しく、春萌えの山に心は浮き立つ。やがて、須崎に入り、堤防に腰かけ休む。干潟には貝採る人の姿が小さく見える。

百円の「小夏」盛らるる無人浜
ちろちろと落としの水に寄る桜
山の田やパン一斤ほどの流れ雲
春山や萌えて緑の乳房かな
春山の乳房の中に分け入りぬ
背や寒し干潟に貝掘る桜川

自然は残酷で、美しい

土讃線の無人駅舎「安和駅」のベンチで一休み、二休みする。

この無人駅舎は絶景の駅舎で、真下に波打つ浜辺が一望できる地に、ぽつんと座っている。

折しも駅舎の桜木は見事な満開で、風にゆすられ、はらはらと散華し、駅舎の屋根を越えて、浜辺に舞い落ちてゆく。

こうなれば恍惚の時間。このままの、恍惚老人でもかまわない。

春の日の幸福な夢を、このまま消えるまで呆けて見ていたい。

そんな無人駅舎の極上のギフト時間。

美しさの極まる時は淋しさも極まるらしい。うずくまり、留まる。

靴脱ぎて春の海見る無人駅
単線の駅舎に花舞う午睡かな
行く春を不良遍路の見し夢や
幾万の花の蝶舞う夢の時
ぽつねんと列車も待たず春の海

花吹雪駅舎を越えて海に入る
別れをば波のしじまに聴くへんろ
おそれずに花に遊べと波の聲
ひと時を許されている老いの時
まだ少し春に遊ばん命かな

久礼《くれ》に向かう。海沿いを廻る半島道を歩こうと考えていたが「全面通行止め」の看板がある。確かにこの海岸道は車の往来もまれで、切り立つ崖路が海に突き出ていて、洞門の連なる風景が旅人には珍しく、海上を歩くような感覚道であったが、行政にとっては「お荷物」となっているのだろう。四国の道々はそれらのことも多く知らせてくれる。

焼坂峠を越えて土佐久礼に向かう。久礼の宿に早く着いたので、道中で一緒になった遍路さん夫婦を誘い、久礼の「大正町市場」に出かける。この市場の雰囲気を子供のように喜んでくださる。トコロテンを食べて、久礼の八幡社に詣でる。海辺には「鰹」の美しい文字碑がある。

その横に青柳裕介氏の像もあった。『土佐の一本釣り』で純平と八千代の青春恋愛物語を描いた漫画家さんだ。

コミック雑誌の熱心な愛読者でもある私には見逃すことはできない久礼港であった。

それにしても土佐は「像」の好きなお国柄である。アチコチに像や記念碑が建立されてある。

早朝、久礼の宿を立ち、大坂峠をめざす。

道中に久礼美術館があり、外から覗くと、司馬遼太郎さんの碑があり、こう書かれていた。

「土佐に来て、うれしきものは　言葉に魚に人の足音」

言葉と魚はわかるのだが、「人の足音」とは歴史に残した土佐人のことだろう。

確かに幕末から明治にかけての動乱時代に土佐人は大活躍であったし、多くの若い命が散ったのも土佐人であった。とりわけ多くの貧しい郷士達の命が散った。土佐人の銅像や碑を見るにつけても、「人の足音」を誇りに思い、大事にしているお国柄であるようだ。

久礼の町はずれ、峠に向かう川岸道は桜並木が連なり、満開のお出迎えだ。朝日を浴びて桜は一斉に笑み、短い春の命歌を大合唱している。鳥達は桜花を渡る客人役で忙しい。鳥が枝々に移るたびにホロホロと桜は散ってくる。

さらに、ゆるやかな谷川沿いの山道を登ると、黒竹が多いことに気づく。ここにも嬉しいことに碑があった。「笹場に黒竹なる名品あり、笛に適すと昔の文書にある」と記されていた。

やがては峠の急な道にさしかかる。

意外と大変な峠道で、息を切らして登ることになる。

春に来て八千代の桜海の恋
純平が大人のふりなすかしき守
鵜二羽桜花に遊ぶ久礼の朝
谷川の瀬音に聴かん古代笛
油注し蓮華を梳くや山の畑
何事か語らん森の落椿
深山に桜守する倒れ墓

息荒く、やっとのことで、七子峠にたどり着く。峠名の由来が記されていた。「この地を治めていた武将に子供が七人いて、攻め滅ぼされ、奥方は子供七人を連れて、崖から飛び降りた」とある。

人間の歴史とは、ほぼほぼ「戦の歴史」であるようだ。

人間とはそのような生き物であると言っても過言ではないだろう。どの土地を尋ねても「人殺しの記録」には事欠かない。

峠を下る里村道で、見なれない花が咲いていたので、草むしりをするおばあさんに名前を聴く。「みつまた、だよ」と教えられる。「これがあの紙の原料になるミツマタの花ですか?」と問うと、「そうよ。ほら、どこの枝も、三つ又になっているでしょう」と説明してくださる。

「淡い黄色から紅色に変化する美しい花ですよ。万葉歌人は春の訪れとして、待ちかねた花ですね。一足先に咲くので『さきくさ』や『さえぐさ』とも呼んだのよ。三枝《さえぐさ》という名前の由来でしょうね」と、里のおばあさんが親切に教えてくださる。土佐の山塊にある、さりげない深い教養をしみじみ。確かに土佐は「人の国」であると心底嬉しくなる。

土佐は紙漉きの国でもあったような記憶が甦る。しかも、このあたりの里村は格別に美しい。極上の散策路なりと笑みがこぼれる。四万十川の支流に位置するのだろうか。里桜や春野辺を眺めつつ道を下る。芳醇で、歓喜に溢れ、切なくなるほどの贅沢時間だ。

里人の長い営みがつくってくれた里山の風景は日本人にとって、財産でなくてなんであろう。遍路同士でも、会うごとに「最高の、遍路時間です。美しいですねえ」と、この季節や土地を誉め合う。まことに春に酔う「花遍路の幸福な時間」である。

三又のどの道進むも花の辻
どの花も華語りせん畔の道
山の田の水に冷たき青蛙
紋白の杖先とまる真昼なり

もりもりと勃起するよな春の山
おらが春いつまで人でいられしや
花散らす風に耳する行方かな
コーラスや山分校の黄水仙
鈴音ごと一足ごとの花遍路
我が影を踏んで影野の日暮坂
花の名を尋ねし人や遠き島
春惑い花に疲れて宿暖簾

三十七番札所岩本寺《いわもとじ》に詣で、美馬旅館に宿泊。夏遍路の時に、文人が泊まるような美しい部屋に案内され、素敵な時間を頂いたことが忘れられない。現在は改装中の様子で、狭い小部屋での夕食であったが、箸袋に「花へんろ」とある。私はこの宿が嬉しく勝手に贔屓するのだった。

翌日、水車亭を訪ねて黒潮町に向かう。市野瀬の冷たい沢水で汗をぬぐい、伊与喜集落の八幡社に手を合わせ、田植えに忙しい集落の人々が汗を流すのを眺め、鄙びた明るき里を過ぎる。川にそって歩み、土佐佐賀の駅を過ぎ、鹿島ヶ浦に出ると眼下に佐賀公園があった。

まことに立派な公園で、土佐黒潮鉄道の「公園駅」さえある。岩礁海岸の岩間には遊歩道などもあり深い群青色の海に緑の芝生が映えて美しい。しかも、桜は超満開である。なんとも雄大豪華贅沢な景観で茫然と眺めるばかり。躑躅《つつじ》なども植えてあるゆえ、季節ごとの花々も楽しめるのだろう。やおら手袋をとりだして遊歩道を下り、海岸に向かう人など見える。おそらく春の磯遊びで、貝採りにでも来たのだろう。時間を忘れて海を眺める。

立派な海の公園と桜をぼんやり眺めていると、突然に震災直後の「小名浜」の景色がよみがえってきた。今回の津波で、小名浜の港付近は壊滅状態で、船や家は、まるでゴジラか怪物にこねまわされた景色のようだった。家も船も逆さに打ち重なり、港付近は無残な姿であった。それなのに、車を少し走らせて、小名浜の小高い丘にそびえる港公園に登ると、多くの桜木達は「春が来ましたよおぉ！」とばかりに、何事もなく、見事に美しく咲き誇っていた。もちろんのこと、花見の客など誰ひとりもいない。超満開であったがゆえに、異様でもあった。

その公園の道を下り、瓦礫を積み上げた漁協付近の道路沿いに、今にも倒壊せんばかりの一件の家があった。その家を見事に支えて、しかも、今が、盛りとばかりに満開の花を空いっぱいに咲かせていた。私はあの桜樹の姿を決して忘れることはないだろう。

自然はなんと残酷で美しい光景を見せるのかと、動けなかった。それは、陸前高田の奇跡の

土佐国遍路　修業の道（高知）

一本松や民家の屋根に打ち上げられた船や、遠い陸地に打ち上がったでかい鉄鋼船がそうであったように、私の記憶の中の忘れられない印画紙となった。

数ヶ月後に再び出かけたら、その桜樹と家はかたづけられていた。小名浜の港町は、どのように、これから復興していくのだろうか？　小名浜港は個人的見解では、港町のもつ理想的な姿であったのだが。この四国遍路が終わったら、また、ボランティアしつつ、被災地の港町探訪をしようと思い、海風に揺れていた。

海岸通りを歩いてゆくと、崖下の磯浜から上がってきたおじいさんとおばあさんに会う。「何が収穫できましたか？　ビナですか？」と聞いてみた。「こっちでは、ミナというんだ」と教えてくださる。「濁らないミナの方が美味しそうですねぇ」と言うと、「じいさんの酒のつまみになるもんなぁ」と笑う。「鷹の爪もありますね。美味しい味噌汁のダシが出るんですよね」と言うと、満面の笑みを返してくださる。おじいさんの籠はミナ（巻貝）が山盛りで、重そうだ。

「御近所に分けてあげるほど獲れたよ」と嬉しそう。

こうした、海辺の生活に触れることができるのも、遍路功徳のひとつだろう。

何気ない季節毎の光景は、辺境にこそ、多く残るのだった。

一列に並ぶ初苗後山
荒磯や春を言祝ぐ潟の波
潮引いてほろほろ貝の落ちる午後
縄文の人に似たるや浜の人
春ミナやザルいっぱいの酔心地

土佐湾沿いの民宿に宿泊。翌朝は激雨。
国道沿いをひたすら歩む海岸道路は難儀な道中になりそうな土砂降りの激雨だ。
一人の男性遍路さんが荷物を家に送り返していた。
「もう、へこたれたよ。このあたりでオレ帰るよ！」と、心底疲れた顔で、悔しそうに苦笑い。
確かに、この激雨は、歩き遍路の心を折るに十分である。「またいつかトライしてくださ
い」と別れ、重装備し宿先を出る。途中、王無浜とて、後醍醐天皇の第一皇子一の宮尊良親王
の遠流上陸地の碑あり、やんごとなき人々の心根はわからず、『太平記』も読んだ記憶はな
かった。
土佐は流刑地であったと今さらに確認。
海辺の「へんろ小屋」に休む。横に、タカクラ・テルの「あらしは強い木をつくる」の碑が

あった。今日の嵐にふさわしい碑であり、おもわずと苦笑する。この人の本は読んだことがあった。『箱根用水』だったか。読んだだけではなく、用水の地を歩いたこともあったはずだ。確か議員にもなった人だ。土佐は血の熱い人が多い。革命や民権運動の血脈が引き継がれているのだろう。

終日、激しい雨中歩行となる。雨脚はゆるんだり強くなったりで、ひどく難儀する。強風にてカッパさえ巻き上げられ、国道を走る車は容赦なく顔に飛沫をあびせる。私は疲れ、濡れ、しおたれた老いネズミ状態となり、ビクビクヒョロヒョロと歩む。おもわず、「えええぃ。どうにと、してさらせぇ」と笑いさえ出るが、空元気も一時のことで、さらに、トボトボ、ヨボヨボになるばかりだった。

こういう日は、自分以外は誰もいないと思うのだった。

菅笠の打音に歩む雨遍路
花散らす入野松原斜め雨
青鷺の細き脛打つ雨走り
鯨見る雨の漁港やもやい船
そこのけと車飛沫で濡遍路

雨宿り無人駅舎のパンも濡れ
かくなればどうとでもなれ雨遍路
帰る家無く濡れているねじれ花

雨のせいか？　足を痛めたようだ。歩くたびに痛みが走り、ギッタンバッタンの歩行となる。どうやら黒潮町から中村あたりは私にとって鬼門であるらしい。夏遍路の時は酷暑になぶられ、息も絶え絶えになり、防潮堤の下蔭に逃げ込んだら、先客の老人が椅子を運んでくれて、二人して強い日差しを避け、老漁師の昔語りを夢物語のように聞いたものだった。

おそらくその時に、私は海辺の漂流暮らしを望み始めたようだった。

日本中の港を魚を追って巡った老人の話は確かに私のその後を誘った。

徳島や高知の沿岸民は近代現代の魚追う漂流労働者であった。彼らこそが日本の底辺で近代の魚食を支えた人々であった。私の祖父が土木の漂流者であれば、彼らは遠くの海洋まで出かけた海の漂流労働者群だ。今は陸に上がった老人であったが、彼はまだ海の上の人のように語るのだった。老人と別れて、歩き出して、やがて私は意識が細くなり、倒れ、タクシーを呼び、宿にすべり込んだが、その間の記憶は飛んでいた。それがこのあたりであったか。

歩き遍路にとって困難なことは幾つかあるが、捻挫などの筋肉痛系統や足豆対策などがトップになるだろう。無理をしていると、弱いところに、必ず痛みが出てくる。

毎日のことだから、歩く姿勢なども大事なことだろうが、私の背中は曲がっている。

足豆や筋肉痛は、ほとんどの人が洗礼を受けるようで、休憩のたびにテーピングしたり、薬を使用している人が多い。トンネルの排気ガスや急な腹痛、持病の再発などもある。夏遍路の時は熱中症対策が最大の課題であった。この日も、無人駅やバスの待合所や作業小屋の軒下で、大雨を避け、幾度も休んだりして、やっと四万十中村の宿にたどり着いた。私にとって四万十は鬼門であるようだ。

翌日は見事なる晴天であったが、気弱になり、春の大川を眺めんと理由をもうけ、「遊び遍路」を決行。大河の春を味わいたくて、一日を上流に遊ぶ。痛めた足のこともあり、自転車を借りての散策。せめて沈下橋まで行こうと、上流に向けて、ゆるりペダル漕ぐ。

春雷や大川越えん走り雨
四万十の雨に煙らん後川
赤目住む川に泳がん春柳
大川の船帆に群れ寄る親燕
沈もれる真青を歩む沈下橋

川遍路赤目柳と風の蝶
四万十の四月の気層舞燕

相棒は「泣きイルカ」

沈下橋を渡って、中村の街をぶらり。「四万十のうなぎ」を食し「元気になろう」と、ここでも、屁理屈をつけて、旧い街並をペダル漕ぎ、「うなぎ店」を探し入る。

天然ものは五千円と書かれていて、とても手が出ず、安いのを頼む。

うなぎ店の御亭主に最近のうなぎ事情を聴かせて頂いた。

「四万十のうなぎは関東ではブランドですか。嬉しいです。素直に嬉しいですよ」

「昔はね、たくさん獲れたもんです。夜に川に行って、カーバイトつけてね、チョイチョイじゃったもん。値段も高うはなかった。普通でしたよ」

「溜池をね、干すんですよ。すると、うじゃんと、うなぎの動いちょる。ところが最近は、めっきり少のうなった。川底にヘドロもある。清流というても、昔とは大違い。川漁師さん達も、そう言わすです」

「万博前は川底浚《さら》って、砂利をどんどん関西にもっていき、すっかり川の姿も変わっていった」

「ともかく、最近はうなぎの入らん。三倍、四倍の値段がつく。仕入れ屋さんも困っておらす。わしらも困って、お客さんも困る。昔と同じ値段にするには一柵減らさんとならん」

「ついに天然ものなどは高級品になってしもうた。中国産でさえ二倍に値上がりしている」

「こうして四万十で、うなぎ屋に来てくださってありがたいのになあ」

「この先やっていけるか心配です」

うなぎ屋を出て、宿近くの物産館に立ち寄り、被災地でお世話になった漁師さんに文旦などを送る。一日を母なる大河の春に浸る時間を満喫。早めに宿に戻り、足を休め休養する。


早朝、中村を立ち、足摺《あしずり》に向かう。四万十川の土手道を歩いていると、この町が大川に抱かれている幸せがつくづく感じられる。川が育てた街の様相は日本全国に様々あれども、「川こそ私達の母だ」と、四万十川は優しい言葉で諭してくれる、そんな大河である。

けだし、ここも氾濫などで苦労したのだろうか？　とまれ土佐の川はどこも素晴らしい。

四万十大橋を渡ると、川沿いの幼稚園に出会う。折しも子供達が手をつなぎ、若い先生に先導され、仲良く山登りの最中であった。

「毎日です。こうして津波の避難訓練のお散歩ですよ。南海トラフもありますし、訓練が大事です」と、けなげな口元が閉まる。子供達も嬉しそうに山に向かう。

私は北上川河口の「大川小学校」の光景を想い出していた。

被災する前年に、あの大川小学校の校庭で、生徒等が運動する光景を眺めていたことがあった。

黄色い声が河口の空に元気に響いて実にのどかな景色だった。その時の私は、その学校の立地を嬉しく眺めていたのだった。河口の傍の学校の空は広く光に満ちていた。

河口では地元サーファーが孤独な波乗りに興じていて、この地域のいろんな話をしてくれた。

被災後の大川小学校跡地には幾度か訪れ、手を合わせ、ただただ、黙して、通り過ぎた。

子供を捜す親が崖地に取り付いていた光景が今も忘れられない。

美しい葦原が川岸風に豊かになびいていた光景や、校庭で元気に遊ぶ子供達の姿がいつまでもいつまでも記憶から消えない。あのサーファーも子供達も、今は、どこにいるのだろうか。

昼前より小雨が降りだす。すると杖が見事に、音をたて、折れた。

おそらく足の痛みのせいで、杖を酷使していたのだろう。弱い私の足を支え、かばっての「骨折」のような気持ちさえする。相棒杖が折れると、さらに心細くなってくる。

被災地から持ち込んだ流木杖ゆえ、捨てる気持ちにはなれず、添木して縛り付けて使うことに決める。何やら相棒杖も満身創痍の様相になってきた。伊与田のトンネルの入り口に今大師《いまだいし》寺《じ》があり詣でる。寺の桜花は満開、「真念庵」に立ち寄ることは諦め、ドライブインのトイレで、さらにきっちりと雨支度をして、下ノ加江川の道を下る。河口近くのコンビニでパンを買い、川土手の桜木の下で、雨宿りしパンをかじる。満開の桜花が雨に打たれ、濡れたカッパやパンにまで、ひらひらと落ち張り付いて文様を描く。

大川に抱かれて寝る月夜町
散る花を別れし人と後川
川海苔の干場風吹く揚雲雀
四万十の土手舞う燕飛行隊
鈴の音も花もくぐもる峠雨
頼み杖添木し結ばん弱心
花笑みて鈴鳴らせよと今大師
春雨や花見とパンと折れ杖と

大岐《おおき》の浜の「海癒」という温泉宿に泊まる。ここには、すばらしい温泉があった。痛めた足をせっせっと温泉湯でマッサージする。この宿はエコロジーの宿とて、管理人の若夫婦やおばあさんや子供さん御家族と一緒に夕ご飯を頂く。客は私ひとりの様子だ。薪ストーブを囲んでの久しぶりの家族的雰囲気がひどく嬉しく悲しい。被災地でのボランティア暮らしのことなど、おもわず話してしまう。

朝、昨夜来の雨は上がり、宿からの見晴らしも最高。鍵をそっと返して、まっすぐに宿前の浜に下る。浜の朝日はまぶしく、サーファーが影絵のように波に踊っている。

以布利《いぶり》湊を訪ねる。定置網の水揚げ風景を見学したくて漁協に立ち寄る。

三年前の夏遍路の時にお世話になったのは民宿「旅路」さんであった。そこの元漁労長のご主人から「この湊は二つの定置網を持っている」と聞いたりしていた。自ら設計したという定置網図面なども見せて頂いたし、大漁時の大騒ぎ話などに聴き惚れた。何より私の故郷の話で夜遅くまで盛り上がった。御主人の記憶力は抜群で、海軍時代の佐世保市街の様子や当時の歌などが次々と飛び出して、まことに楽しい一夜であった。今回は二人の年齢やご主人の病気の様子などを考慮して、宿をとることを遠慮したのだが、気になって集落のおばあさんに尋ねてみたら、「なあに、あなたさん達が、泊まってあげて、話すことが、気休めになるんだよ。次回は泊まんなさい！」と、優しく諭される。ホンマに薄い魂であることよ。

道々のみちに散りたる今日の花
小手鞠や主亡くせし庭も荒れ
フリージヤ咲かせて春を待つ人や
夜来雨紅の躑躅に袖も濡れ
春雨や森の乳房を膨らます

足摺岬に向かう浜道で鳶の羽根を二本拾う。まさに鳶色の美しい羽根だった。

その羽根を修復した流木杖に結ぶ。するとインディオの羽根飾りにようで相棒杖も喜ぶ。握り部分を持ちやすいように小刀で丸めて、紋様を入れて、鈴の首輪と房も添える。細い眼を彫り込むと、なんだか泣いているイルカに似ているので、相棒杖に「泣きイルカ」と命名する。

「3・11東北鎮魂　南無大師遍照金剛」と刻み、般若心経も数行刻んでいた。

羽根を着けると、今にも被災地の海に向けて飛んでいきそうで、海や空をバックに「泣きイルカ」の写真を幾枚か記念写真する。被災地の浜に帰りたげな満身創痍の「泣きイルカ」であった。

海沿いに建つ、窪津《くぼっ》鰹節工場で働く女性達の手さばきに見惚れ、直売所の魚の安さに驚く。

また、この道は打戻り道ゆえ、道中見知った遍路さんと行き会う。ヒゲの青年はこの遍路が終わったらヨーロッパのサンティアゴ巡礼に行くという。「一緒に行きませんか？」と強く誘われ、家無しの漂流者の私は同行したい気分が湧くのだった。

やがて、椿の咲き残る足摺岬の藪道を歩み入り、展望崖上に出る。ここからは、岬の灯台や切り立つ断崖に打ち寄せる海原が一望できる。

風音と波音の交響曲だけが、永劫に寄せる岬の風景。岬はいつでも怖い異界である。

長い間ぼんやり、その異界に拉致され、座っていた。

足摺や一足ごとの無に入らん
世捨人この身の軽さ風岬
足摺の青海に砕けし崖の人
旅果てて白灯台も傾きぬ
黙示録ページも尽きし風岬
補陀落の舟旅人や海の果て
人は皆命を旅す舟の客
遠き日の記憶に風の吹きすさび

未練とて残夢を漕がん命あり
この軽さどこに向かうか岬旅
我もまたこのまま流れて行くのだな

三十八番金剛福寺《こんごうふくじ》に詣で、薄いパンをかじりつつ出立。

この春遍路では月山神社の道を選択する。松尾集落のアコウ樹を見んと道を下る。浜湊を廻り、「廻り舞台」のある社に詣でる。カツオ漁でおおいに潤っていた時代に、この広場で賑やかに舞台興業が行われたとある。こんな小さな浜村に、それほどの豊かさをもたらす宝魚達であったのだろう。今は取り残されたように静かで、桜が広場に散るばかりだった。

アコウの樹の生命力溢れた巨木に、今回も圧倒される。海塩さえも栄養にするというアコウの樹木。岩を抱き、根は大地を無尽にうねる。命の絶唱の容姿だ。大地を喰わんばかりの命の姿が朝日に輝く。そんな神々しいアコウ樹におもわず手を合わせる。夏遍路の時は、ここまで来て、再び引き返し、打戻り道を選択したものだったが、今回は先に進む。初めての道が楽しみである。

行く春や花に別れの岬哉

石抱アコウ

大海に両手広げん水平線
びろう樹のさらに南を恋しけり
宝魚一村支えし宵芝居
黒潮を呑みてアコウの樹根あり
石抱いて恋しかりけり命の樹
根や歪み絞殺しする親木哉
かつぶしの燻木積おく辺土道
月山詣春や淋しき磯桜
一幕の狂言芝居と我が遍路

人々が手を合わせてきた場所

車も人も少ない溺れ谷断崖の海岸道をぽつぽつと歩む。車道は狭く、手つかずの原生林に、ひっかき傷のように道ができている。その道辺には時折猫の額ほどの石組畑がある。こんな場所にも畑を作る先人達の汗のあと。

左右から覆いかぶさる木々のせいで、真昼にもかかわらず暗い道。昼でも車のライトをつけるようにとの標識さえある。高所恐怖症の私は海際の崖には近づきたくないのだが、怖いもの見たさに崖上の道から下を覗き込む。もちろんガードレールなどはなく、おそるおそる。

急峻な断崖に、岩を抱いた樹木の根が幾重にも重なり、互いに絡み合い、支え合い、もつれ合い、かろうじて海に続く断崖の崩壊を防いでいる様子だ。木々の葉の見え隠れで、真下に見える岸波は白く砕け、透明な水色が淡い黄色を交え透き通らせている。木々の間から見える青の諧調はしだいに藍の色を深めつつ沖に流れ去る。ところどころに濃い緑の色素が溶け込み、混ざり合い、さらに沖合に出ると、濃い藍色に変じ、最後には実に重い黒味を帯びてくる。

ここは黒潮の洗う辺境の岸辺道だ。見事な青の諧調が幾重にも織りなす海原の景観に目も心もくらむ。海と陸地がせめぎ合う、原初に近い道を私は歩んでいるのだろう。

大浜というところに出ると、そこの海岸は黒砂の浜であった。

道中に「竜宮社」があるというので、詣でる。

崖路道を下りて、ほの暗い樹林の急階段を一気に下る。するとそこに、目のくらむ景観が出現し、総身が震えた。長い時をかけて波に浸食された花崗岩の断崖群が高く迫り、その直下の岸辺には砕け散る波頭が白くまぶしい。その景観の真中に、岩の崖上に、赤鳥居が鎮座していた。

隆起した大岩は波に洗われ、削られ、陽にあぶられ、強風に吹かれ、岩肌には緑も育たず、岩礁海岸の突端が高く切り立つ高い崖となっている。そんな黒潮に洗われた土佐の一景観。

その岸辺の岩上に建つ「竜宮社」は実にあっぱれであった。

赤い鳥居と小さい社が荒海の岩上に鎮座し、しかも大海原にカッ！　と向き合っている。

日本中の海辺の竜宮社を多く見てきたが、「ココはスゴイ！」のひとことだった。

大海や黒潮と対峙して、厳しく生きぬいてきた「小さい人間達の祈り」の社であった。

土佐の女達は、遭難した船があると、ここに来て、自分の秘所を竜宮社にかざし、愛しき者達の帰還を祈るという。切ないほどの祈りの場所でもあったろうか。

私は長い時間を痴呆者のように巌の上に座っていた。

白灯台と半島がかすみ、貨物船が沖をすべってゆく。あとは風と海と岩と、時折魚釣りの舟が岩渡しのために近づくのみ。時間が止まり、私はゆえなく震えていた。

疲れが溜まってきていたのだろう。

黒潮の怒涛にむかう祈りかな
わが秘所に戻れと祈る社あり

祈る人ひとの理捨つる海

中浜という小さな漁村集落に立ち寄り「ジョン万次郎」の生家を探す。

漁村特有の狭い路地裏に彼の小さな生家があった。「漂流」というむごい運命が若い土佐漁師を日本の歴史の中に意志を持ち登場させる。彼こそ数奇な運命を生き抜いた土佐人である。

強い好奇心と勤勉さを持つ青年であったがゆえに、助けられ、遇されて、アメリカという異国で「ジョンマン」という「近代人オトナ」を作り上げた。

やがて、運命は彼を、大変革期の日本にあって、彼にしかできない大きな役割をもたせて、幕末に登場させる。彼は「動く黒船日本人」であった。新しい文明を身体に染み込ませ、日本歴史のページを開いた土佐人であった。もう一度、本格的な伝記を読んでみようと思いつつ、狭い浜路地をとぼとぼと行きすぎる。

海岸道路を回り込むように土佐清水に入る。

ここで遅い昼飯にありつく。

この港町であったろうか？　南海トラフ津波の想定が三十五メートル余なのは？

遍路宿での話では、南海トラフ津波は五〜十分でやってくるとのこと。この町の地形を眺め、津波のことを考えつつ歩いていたが、対策に困るだろうなと、ひしと感じるのだった。

最大の対策は「なにはともあれ、急ぎ逃げる。テンデンコ」の一手だろう？　かと。

夜中に、夢で目が覚める。夢では気にかけていることが正直に出てくる。

一時期は瓦礫浜の姿が頻繁に出てきていたが、今では少なくなってきていた。今夜の夢は別れた妻が心労で細り、細い手で私を打つ夢であった。深く傷ついた絶望の瞳が突き刺さってくる。

この夢は幾度も変形してやってくる。目が覚めて、ぼんやり布団に座っていた。

事並べじくじく臥せる夜のあり
夢に来て我を問いつむ瞳あり
今日もまた回覧している哀しさよ
細き手の打ちなん朝の明けてくる
遠き島バラモン凧舞う別れ哉
海近く君を想いて朝の明く
魂切るる夢を消さんと発つ朝ぞ
茱萸の葉の白き真裏や浜の道
潮騒を一日歩まん旅遍路

いまさらに捨句に慰む道の旅
愚かゆえただただ歩まん道の人
夕遍路茜に落ちん海の道
しおたれて宿つくころや岩燕

竜串《たつくし》海岸では堆積層の浸食による化石漣痕を見る。見事な海辺のアブストラクトだ。竜串浜にはバブル崩壊後の無残な建物が残っていた。遍路旅で幾つも見かける残骸光景なのだが、その施設が豪華であればあるほど廃屋となった姿は酷薄無残の色彩が濃い。取り壊すにも莫大な費用が掛かるゆえ、崩れゆくまま、廃屋になっていくのだろう。名は「竜串珊瑚館」というらしい。竜宮城を模したド派手な建築廃墟だ。城の屋根瓦には春草が生え、廃墟の庭には陽を浴びて甘夏の実がたわわに実っていた。欲望の行きつく先を思わせる廃屋城の光景は胸に刺さる。竜宮城は人の憧れでもあろうか。これは「資本主義バブル津波」の夢の瓦礫跡でもあろう。宿の奥さんは少しさびしげにつぶやくのだった。

「バブルの頃は、よかったんだよ。珊瑚もね。飛ぶように、良い値で売れてさ。あの珊瑚店も支店をいっぱい出したもんさぁ。私の民宿だって、学生のお客さんが一万円の珊瑚を買って帰るんだもの。『バイトすればなんとかなるぅ』ってさ」

「漁師さんだって魚とるより、珊瑚をさらっていた方がいいさ。上物が網にかかると五百万や一千万円はするからね。でも最近はサンゴも少なくなったらしい。さらいすぎたんだよ」

「今はもっぱら、中国のお金持ちさんが買うらしいよ。時代は変わったね」

四国遍路は、打ち捨てられた地域経済と廃屋を見つめる旅でもある。

車も滅多に通わない岬道に回り込む。地元人も入ってはこない岬の旧道を選んで歩む。ガードレールは錆びて朽ち果て海際にぶら下がり、崖崩れで落石が補道に崩壊散乱し、人がやっと歩けるほどだ。これでは車などはもちろん通行不可能だろう。まるで東日本大震災後の浜道のようだった。しかし、こうした場所ほど、景観は素晴らしい。三陸でもそうであった。水平線と空と奇岩と波の交響曲である。私の足はドンドン遅くなる。やがて、叶崎《かなえざき》の黒潮展望台に立つ。

辺境の里村歩まん鈴と杖
放棄地や茂れるままの草宴
桃色の珊瑚の残夢見し人よ
またひとつ竜宮城の夢の跡
浮き波といちにち遊ぶ老遍路

願い事捨つる願いの叶崎
願わんと思い願うてや叶崎
遠き日の夢に還るや母の海
まだら蝶南に向かう叶崎

「頑張れ！　ここでやめるな！」


朝の磯辺道と小さな漁村を歩む。

小才角《こさいつの》のイカ干し場に集まる猫達と通学のバスを待つ子供が二人。

春山は膨らみ、やがての夏を準備している。巡り来る季節の約束がいとおしい。

辺境の海辺と山は手つかずに輝き、月灘《つきなだ》の景観はリュックの重さを忘れさせる。

大浦から月山《つきやま》神社の山道に入ると、古い標石に混じり、子供達の「手書き道標」が幾つも加わる。森道のアチコチに「頑張れ！　ここでやめるな！」などと記されていて、弱心を励まされる。念願の月山神社に詣で、崖を登り、霊石の「月の石」に手を合わせる。

ブチ猫の肢体くゆらすイカ干場
通学のバス待つ間グウチョキパー
いちにちを青き海みる月の山
月灘の海にこぼれん春山歌
うぶすまの春山乳房に分け入らん
山入りに清めの鈴音響かせん
子供らの書きし標や応援歌
しゃが花のひっそり待てし月山社
三日月の石座らせて待つ社

月ヶ丘を下り、赤泊《あかどまり》浜のゴロタ石遍路道を歩む。珊瑚の欠片などが寄せる南国土佐の浜である。昔の遍路は、このような磯辺ゴロタ石を草鞋履きで踏み分けたのだろう。ゴロタ石に指差す絵の標が転がる。ここまで来ると「四国の果て」を歩む感深く、沖縄や奄美の孤島群の香りさえ偲ばせる。サンゴを拾ったりして、立ち去り難い浜であったが、やがて姫ノ井の農道を進む。

小集落の里の風情が色濃く残る道を過ぎ、国道三百二十一号線にぶつかり北上する。

道の駅大月で一息つき、宿毛湾《すくも》に出会う。

南島の風の恋しき赤泊
骨サンゴ拾うてころぶ浜あざみ
草笛の鳴らぬ淋しき姫の道
山影の小道に隠れし蛇苺《へび》
苗植えて地蔵座りのジジとババ
鈍色の瞳に似たる宿毛湾

長い遍路歩行では、味気ないと思う景色がある。

それは宅地造成住宅の並ぶ「都市郊外空間」を歩む時であろうか。旧街道や浜集落、海辺道、里村道、山道、峠道、岬道などは、それぞれに固有の顔立ちや風情があるのだが、近代的都市空間とその衛星都市というものからは、個性的な顔立ちが見事に消える。

どこもノッペリと特徴がなく、区割りされた同じようなる住宅光景地群が続く。

ゆえに迷子にもなりやすく「遍路福眼」にはありつけない。こんな道中では、なるべく細かいものを探したり、マンホールの絵柄を鑑賞したり、庭木や家づくりの品定めをしたり、そう

がんばれ
あと少し

でなければ、道を変えるのが私の流儀だ。

宿毛町から三十九番札所延光寺《えんこうじ》までの打戻り道でも、細かいものを探しつつ歩んでいた。すると、「見つけたぁ！」。それは、赤腹イモリであった。

「懐かしいぃ!!」と、思わず声を出してつぶやいていた。

旧友に出会ったような感動に包まれ、私を一気に子供時代に戻らせた。

今では、赤腹イモリの住む田んぼや水辺は珍しい。その小さな田んぼには、メダカもゲンゴロウもミズスマシもいて、私は有頂天になった。

さっそくイモリをすくい取り、しげしげと、そいつの赤い腹を見る。

六十年余ぶりだろうか。「元気でいたか？　生きていたか？」と声をかける。

昨今の水田は農薬のせいで生き物のいない静的世界に変化している。その昔、このイモリは故郷の水畔にはごじゃんとうなるほどいた。

私の洟垂れ小僧時代、ガキどもは競ってこいつを捕まえた。こいつは毒があるなどと言われていたので、直接手で捕まえずに、カヤの葉で輪を作り、アカハライモリの首にかけて、ヒョイと釣り上げるのが悪ガキ連中の作法だった。それを「イモチャン、ギロチン」と呼んでいた。

毒々しい赤色の腹が水滴を滴らせ、ヒョイと吊り上ることがむやみに嬉しく、悪童達はギロチン釣りに興奮し、制限時間を決めての「首つりギロチン大会」を開催する。

餓鬼大将は腰に何十匹も吊るして、得意げであった。また、このイモリは「惚れ薬」になると聞き込んできて、火をおこし、丸焼きにして、エッチな指恰好を作り、お姉さん達に持って行き、頭を「バン」とはたかれたりした。あげくのはてには邪魔になり、車に轢かせて、つぶして、遊んだものだ。まことに子供とは無邪気で残酷なものだ。

昔の田んぼや水路は農薬を使わないせいで、泥鰌《どじょう》、メダカ、フナ、ゲンゴロウ、ミズスマシ、ヤゴや血を吸うヒルなどもいて、田んぼは実にすばらしい「小宇宙」であった。牛が水田の働き手でもあった時代で、馬も飼われていた。運動会の朝には馬のウンコを靴で踏みつけて一番を狙ったりした。少しでも早く走れるとのおまじないだが、牛のウンコを踏みつけビリになる奴もいた。

ともかくも、自然はあるがままで色濃く、豊穣な香りで私達を取り囲んでいた。

夏の夜の蛍の大乱舞は夢のようなる切ない記憶だ。隣に住む初恋の女の子と団扇《うちわ》に蛍を幾つも集めて、蚊帳の中に放して、本読むしぐさで遊んだ光景が昨日のことのように浮かんでくる。

こんな小宇宙に再び出会えたのも遍路旅の素敵なギフト時間だった。

ともかくもゲーム機械など誰も持ち合わせてはいない時代であったが、工夫一つでどんどん新ゲームを案出し、飽きることなく、大地の恵みの中で時を忘れて遊びに興じていた。

さらにこの宿毛には水車群もあった。水車は数台並んで、現役で春田に水を汲み入れていた。

子供のように嬉しくて、春雨の中でいつまでも見続けているジジイであった。

歩行は記憶を連れてくる。追いかけられたり、追い付いたりして、濡れて嬉しくもあり、さびしくもある。こうして忘れてさえいた大切な想い出さえ、向こうからやってくる。

まちがいや、できなかったことや、淡い恋心や、突然の別れや、つまずいたことや、夏の日の汗粒や朝のラジオ体操や熊蝉の声や、鬼ヤンマや蝙蝠の飛行やら、それらはどんどん浮かびあがって、疲れた私の歩みを励ましてくれるのだった。だが、どれも帰らぬ時間である。

赤イモリ桜花に逃れし水の紋
水すまし記憶の底の波模様
想い出や水底明るき里蛍
乱舞せり小さきものの命事
ゆるゆると春を汲み揚ぐ水車哉
どこまでも濡れて淋しき里の雨

三十九番延光寺には「眼洗いの井戸」というものがあった。私は少し本気で祈ったりする。

私の眼は眼底出血をおこし左目は失明に近い。最近は右目にもチラチラとクモの巣のようなものが飛び交い邪魔である。新聞の文字がぼけて見えないことも多々ある。歯もほぼほぼ欠けてきて固いものが苦手になった。耳も遠くなって困っている。若い頃に、ある勤め先の御主人から忠告されたことがあった。「君のように無鉄砲な根無し草的生活をしていると、歳を取って、きつくなるよ」と、確かに正しい忠告であった。薬の数も増え老化は確実に身体のアチコチに出現していた。自分に関しての祈りはほとんどないのだが、この巡礼で初めて自分の眼のことを祈っていた。

宿毛町を離れ松尾峠に向かう。この地にて土佐高知と別れる。

土佐は「さすがに自由民権の国」だなあとの感慨をもち峠道を歩む。

それは、「憲法9条を守ろう」の看板が村々に多く掲げられていることであった。明治維新を準備しつつ悲運に倒れたのは龍馬達ばかりでなく、その後に続いた板垣退助、中江兆民、幸徳秋水、大杉栄、などなど、自由民権運動家や革命家達のお国柄が土佐国でもある。「自由は土佐の山塊より生まる」だったか？　先人の血が奥深く残る土佐であった。

他国に攻め入り、悲惨なる負け戦を忘れ、「平和憲法」をいじくりたい人が本気で多く出てきた日本国である。「戦後からの脱却」やら「日本を取り戻せ」だの、マタゾロ、イサマシイ時代であるようだ。都合の良い「言葉」はいつも用意されている。

料金受取人払郵便

新宿局承認

2524

差出有効期間
2025年3月
31日まで
(切手不要)

郵便はがき

160-8791

141

東京都新宿区新宿1－10－1

(株)文芸社

愛読者カード係 行

お名前《ふりがな》		明治 大正 昭和 平成 年生	歳
ご住所《ふりがな》	□□□-□□□□	性別	男・女
お電話番号	(書籍ご注文の際に必要です)	ご職業	
E-mail			
ご購読雑誌(複数可)		ご購読新聞	新聞

最近読んでおもしろかった本や今後、とりあげてほしいテーマをお教えください。

ご自分の研究成果や経験、お考え等を出版してみたいというお気持ちはありますか。

ある　ない　内容・テーマ(　　　　)

現在完成した作品をお持ちですか。

ある　ない　ジャンル・原稿量(　　　　)

名				
買上店	都道府県	市区郡	書店名	書店
			ご購入日	年　月　日

書をどこでお知りになりましたか?
.書店店頭　2.知人にすすめられて　3.インターネット(サイト名　)
.DMハガキ　5.広告、記事を見て(新聞、雑誌名　)

の質問に関連して、ご購入の決め手となったのは?
.タイトル　2.著者　3.内容　4.カバーデザイン　5.帯
その他ご自由にお書きください。
(　)

書についてのご意見、ご感想をお聞かせください。
内容について

カバー、タイトル、帯について

弊社Webサイトからもご意見、ご感想をお寄せいただけます。

ご協力ありがとうございました。
※お寄せいただいたご意見、ご感想は新聞広告等で匿名にて使わせていただくことがあります。
※お客様の個人情報は、小社からの連絡のみに使用します。社外に提供することは一切ありません。

■書籍のご注文は、お近くの書店または、ブックサービス(0120-29-9625)、セブンネットショッピング(http://7net.omni7.jp/)にお申し込み下さい。

忘れっぽい国に実に嫌な時代が迫ってきていると、平和時代に生かされてきたジジイはヒシと感じている。あと少し長生きしたら、私はこの国の在り様が本当に嫌いになるだろう。
もちろん、この美しい「国土」を愛する気持ちは別物であるようで、都合よくできているのであるが。国土愛と国家愛はまるで別物である。

あと少し見たきものあり水供養
土佐人の海に続けし波頭
追い来ても平和こそが花となれ
人の世の花とは平和と呼び交わし
あと少し生かされ生きん道の傍
春に来て土佐に別れの松尾坂
春山の香に濡れ惑う小深浦
郷はずれ黄花の笑う峠口
早苗して一山浮かぶ一枚田
畔水の関に桜の花番所
花散らし花摘む人と県境

いよいよに伊予にとりつく峠雨

歩む行為を続けていると、
人類が森から平原に出て、
地の果てまで遥かに遠く歩んだと、
瞬時、思えるのだった

伊予国遍路　菩提《ぼだい》の道（愛媛）

文化の香る村々を歩む、
菩提の道辺、
漂流の章

春よ、私を拉致してくれ、遠い記憶の先に、連れて行ってくれ
ここより優しき国を歩む、密やかに息づく伊予の春の行く末

「至福の里」を一歩一歩

春の盛り、松尾峠を越え土佐国から伊予国（愛媛県）に入る。

不思議なことに、この峠越えは別の国に入るトキメキがある。土佐高知と伊予愛媛は、まるで違う国柄だと感じさせてくれるものが、道辺のそこかしこに感じられる。

それは実に不思議な体感である。愛媛人が何やら優しく感じるのは「伊予」という言葉のもつ語感にもあるのだろうか。土佐が鬼国の「修行の道」であるなら、ここから先は「菩提の道」であるらしい。酷暑に苦しんだ夏遍路時に「なにやらと明るくやさし伊予の道」と詠み、「山里の萩の乙女の声淡し」と詠んだのも理由がありそうな、伊予国の春景色に踏み入る。

藩政時代の松尾峠は一日に二百から三百人の往還があったと記されている。茶屋が二軒もあったというから十分に賑わっていたのだろう。

土佐を歩きなれた感覚でこの松尾峠で汗を拭き、伊予道に入ると、急に様子が変わる。道幅が広くなり、立派な手すりなどが山坂に整備されていて、遍路達はびっくりする。「ようこそ伊予においでなさい」と笑顔で会釈しているようだ。伊予における遍路道中の始まりは、「小山」という小さな里集落から始まるが、実はこの伊予道が好きになるのは、この里村のおかげとも思われる。それほどの美しい里集落だ。

折しも水田には初穂が揺れ、ゆるやかな段畑には小川が流れ、あやめ花や八重桜が満開で、遍路人を迎えてくれる。白椿がほろほろと道に落ち、ひっそりと音もない里時間が春の気層に留まっていた。風村の住人さんは皆さんお昼寝だろうか。

春の陽光はこの里村をほっこり暖めて、村人を眠らせているようなのだ。

ここには遍路のための、実にきれいなトイレさえ完備されている。その優しい「おもてなし」の心根も伊予人のものだろう。

至福の里時間を畔道に座り、むすびなど食す幸せな遍路達である。

汗冷やす風の便りや国境

峠茶屋わらじに偲ぶ落椿

苗植えて里人そろって午睡哉

春里の村を眠らすそよぎ草

青草の道に消えゆく赤バイク

草矢して飛ばず里ゆく老遍路

古板塀の残る一本松という集落を過ぎ、札掛宿を歩み、僧都《そうづ》川沿いの土手道で蓬《よもぎ》摘みの老夫婦を眺め、四十番札所観自在寺《かんじざいじ》に詣でる。御荘《みしょう》というゆかしい地名の入江の町に宿をとる。

小山集落から観自在寺までの道々のトイレは実に美しい。心優しい接待施設で、とりわけ女性には嬉しい遍路道であろうと感激する。川土手の蓬摘みの光景を見て、蓬餅を無性に食べたくなり、道中の店を探し買い求める。身体は疲れているが食い意地は健在だと苦笑。

すると、餅を食べ終わった後に、前歯（差し歯）がポッカリ無くなっていることに気づく。餅と一緒に呑み込んだらしいのだが、何も気づかなかった。ビックリし、ニヤニヤ笑うしかない。「こんなもんだ！　老いるとは、食い意地とは！」と歯欠けの苦笑い。

「私の、差し歯も、糞にまみれて、四国の巡礼旅に出るのだが、臭い旅になるだろう」と。

人生往時の不摂生と不良行為にて、私の歯はすでにボロボロである。ボロボロは歯だけではないのだが。御荘の宿で鋏を借りて、長袖の袖を切り落とす。暖かくなってきたせいであったし、遍路宿では手洗濯したあとに、即急に乾かすための工夫でもあった。私のように軟弱な歩き遍路にとって背の荷を「軽くする」ことと、服の洗濯は追及課題だったし、荷物を減らすごとに何かしらの新しい認識を得ることを、家を捨てた漂流旅は教えてくれてもいた。現代の暮らしはモノを必要以上に集めることで成り立っていると、思えていたのだったから。

「何も持たずに生まれ、何も持たずに死ぬ」と誰が言ったのか。

遍路姿の在り様は、やはり死に近いものではあるようだ。

春蛇の水田を急ぐ朝の畔
春蛇や身じろぎもせず畔の道
腹膨る蛇の朝飯初蛙
どの花も名を持つ花と春の里
名を知らぬ花や道辺の花歌留多
花の名を教えし人と島別れ
花咲かせ蝶待つ蜜の生理哉
札掛の宿や青葉の影の下
夏待たん蛍の眠る僧都川
老夫婦若葉蓬の春を摘み
川土手の和毛も笑う老いふたつ
春土手のよもぎ若葉に風涼み
長袖の袖引きちぎり衣替え
夜干して乾き確かむ遍路宿

歯欠けの春やスウスウ声淋し
わが入歯四国の糞を旅遍路

御荘湾の静かな入り江に牡蠣養殖の筏が並んでいた。

被災地の人々は牡蠣やワカメやホヤなど養殖で生計をたてている人々が多かった。牡蠣養殖のいろんなノウハウを教えてくださった人々の顔が浮かぶ。今年の冬を仮設住宅で乗り越えたのだろう。そんな暮らしがまだまだこの先も長く続くのだ。私の造った仮設水道も寒さのために破裂したと聞いた。神奈川の会社から送ってもらったものだが、寒冷地仕様の材料ではなかったせいだ。迂闊この上ない。「ごめんなさい」である。

崖下の海に行儀よく三つの小島が並んでいる内海あたりの海景色が美しい。

土地の人に聞くと「みつはた島」とか。魚付の三つの畑島という意味だろうか?

内海の遍路休憩所で休む。

遍路道を歩いていると過去と現在は自分の影のようについてくる。

記憶は優しい波のように足元に寄せる時もあれば、呑み込まんばかりの大波で襲う時もあり、眠れずに朝方まで悶々とすることもある。「記憶」とは厄介なものでもある。

記憶の総体が現在の私であるのだろうが、忘れたくて追い払おうとするが、追い払えず、思い出したくて思い出せない時の淋しさも味わう。何かしらの仕事に熱中していると、忘れられるのだが、こうした長い歩行時間に押し寄せてくるものをうっちゃるのは難しい。だがそれを待っている自分もいるのだったが。

この展望休憩所では、七年間も、四国を巡礼し続けている遍路さんと話したことを想い出していた。あの老遍路さんは、今どこを歩いているのだろうか？　身体を壊してはいないだろうか？　今も歩いているとしたら、十年目を歩き続けているのだ。

「お大師様の弟子になる」「このお遍路で人生を終わるつもりだ」「弘法の御手のなかにて温もらん」「死してのち我が心臓に杖立よ」と、彼はつぶやかれていたが、今は、どうなされているか？

酷暑の夏遍路の極意を教えてくださった先達さんであった。ここまで歩んできた私に「少し、歩きに慣れてきましたね」と誉めてくださった人だった。スタスタと去っていく人であった。

それぞれの人の業が四国の遍路道を歩んでいる。それが「遍路行」でもある。

我影の前も後ろもへんろ道
仰向けに倒れ伏せんと言いし人
何に逃げ何を追いしか命ごと

生きてあり杖をかぎりの遍路行
かの人の死国を巡る旅遍路
わが影も斜めに傾ぐ道の端
海近し岸の辺土にずり堕ちん
大丈夫言い聞かせてる春のとき
失くしもの捜さずとのよし今日の風

私「折れ杖」、ニコルさん「一歩一笑」

「女郎花《おみなえし》の花が一番好き」と言っていた人のことを考えながら柏の峠道を歩む。

夏の時は須の川海岸道を歩いたのだったが、今回は長い峠坂をあえぎつつ登る。

この峠道は桜樹が多く、花びらは散り終え、その花びらが山道にベッタリと散り敷いている。

誰とも出会わない山道だが、滑りやすい土壌に気をつかい登っていると、再び、相棒杖が「ボキリ」と音をたて折れた。「痛い！」という声が聞こえてくる折れ音だった。

以前と違う場所の骨折で、これまた、見事に折れてしまった。

「もうだめだ！　捨てようか」と、山中でひどく気落ちして、しゃがみ込む。だが、被災地から持ち込み、この杖を頼りに、遍路道を歩もうと決めた大事な「相棒杖」である。名前まで「泣きイルカ」と付けたのだった。折れ杖を抱えたまま、柳水大師、清水大師をトボトボ過ぎる。ここは何もない山中の藪道だが、楽しい説明書きが随所にあって励まされる。「イノシシのヌタバ、一物比べ、タヌキの尾曲がり、馬の背」などなど、こんなオモロイお接待は山道の疲れを減らしてくれる。

津島町上畑地にて樹齢三百年の「へんろ椿」を見るために道を外れる。

一つ屋の傍の水路沿いにその椿樹はあった。周りには山桜やしだれ桜など植えられ、下草のシャガ花が満開であった。碑があり、「この椿の樹の下に遍路の坊さんを埋めた」とある。

このくらいの巨木になると、桜のみならず椿の樹下にも死体は眠るのだった。

数千の椿花が艶やかな緑葉の奥に無数にひそみ咲いていた。水のない水路には落下した落椿が重なり真っ赤な文様をつくり怪しく染まっている。斜面でカメラをかまえていると、滑落し、膝を見事にすりむく。年寄の冷や水、興奮ジジイの顛末だ。蝶や鳥が椿蜜を吸いに多く集まって、「へんろ椿」の里は実に賑やかで、死んだ坊様も淋しくはない椿樹であった。

谷里の小川を下る道辺で、今年初めての糸蜻蛉に出会う。まだ夏には早いのだが、トンボが舞う季節が確かに近づいている伊予の春だった。

岩松宿に入る手前のコンビニにて三人組の遍路さんと出会う。

徳島から幾度も出会い別れてきた三人組の遍路さんだった。初めての出会いの時にチョコをくれた。私も次に会った時に何か渡したりして、言葉少なく、出会いと別れを繰り返していた。一人は外国人さんで、足が不自由な様子だが、補助杖で山坂を元気に歩いている様子だった。

多分、間違いなく、その不自由な歩行のせいだろう。不良遍路の、道草だらけで歩みの遅い私と、こうして幾度も出会う理由は。それしか考えられない遭遇回数だった。

高知の宿の新聞で見た記憶であったが、彼らも、三月十一日の震災一年目から歩きだしたとあった。これまた珍しく、私の方から話しかけてみた。

「新聞で見ましたよ、私も同じ日に歩きだしたんです。被災地のボランティアにも行ってくださったんですよね?」と。

「はい。行きました。そのあと、ここに来ました」と、外国人さんの笑顔は涼やかだ。私の折れ杖にひどく興味をもってくださるので、由来を話す。

「とてもいい。自分も彫ってみたい」と、私の折れた流木杖を恋人のようになでてくださる。

「泣きイルカ」も嬉しそうだ。竹で補強して、最後まで使い続けることなどを話す。

被災地でのボランティアや遍路のことなど、情報交換をする。むずかしい会話は、日本人の二人が通訳してくれる。「ニコルさん」というフランス人で、日本が大好きで、幾度も来日し

伊予国遍路　菩提の道（愛媛）

ているという青年だった。付き添いの日本人男女二人はサポート役で、ニコルさんを助け歩いているという。

補助杖で、この巡礼道を歩いていることに、しかも、ほぼ野宿であることに、心から感嘆する。

ニコルさんが名刺をくれ、写真を一枚ということで、並んで映る。

「また、どこかでお会いしましょう」と言って別れる。

ニコルさんの名刺には「一歩一笑」とあった。

その言葉が痛く、まぶしい私であった。私は笑って歩んでいるのであろうか？

岩松宿の「大畑旅館」にお世話になる。獅子文六が『てんやわんや』執筆時に滞在していた土地で、夏旅でお世話になった。川沿いの古旅館で、大きい紺暖簾と二本の松樹とが迎えてくれる古風な宿だ。岩松川の河辺から見るとわかるのだが、格子の窓などは「シッカリ」傾いているが、料理はすばらしくおいしい。若旦那さんは京都あたりの懐石店で修行なされたのか、部屋食のうえ、安くて美味だった。夏遍路時に、ひどい食欲減退に陥っていたが、ここの料理で助かったのだった。

今回は二階の部屋に案内された。傾いた部屋の隣部屋であることが、嬉しくてならない。

その傾いた部屋は空き部屋らしいので、窓から川面の灯りを見ながら、折れた杖を「テンヤ、ワンヤ」と補強工作する。補強を終えて、ぼんやりと川風に揺れる。夕暮れの時刻が愛おしい。

文六の幾つかの楽しい小説など思い出していた。ひと時、川風がごちそうだ。川面を魚が跳ねる。

文六の俳句が部屋に飾ってあるが、達筆で読めない。中居さんに聞くが「私にも読めません」と苦笑。

「人や……で伊予に入る」と読める。都落ちした頃の文六の心境だったのだろうか？

この町で人情とユーモア溢れる伊予の人々の物語が創作される。確か奥さんの故郷であったような記憶だが、定かではない。

翌朝若旦那さんに、「この宿をなんとか頑張ってください！」と身勝手な応援を送る。

近日にテレビで放映されると話される。「次回は秋の遍路で必ず寄ります」と伝え去る。

頼み杖折れて哀しき柏坂
坊ひとり埋めて椿の花祭り
高菜摘み菜飯にせんと里女
春の雨古き宿待つ紺暖簾
文六が宿の格子や傾きぬ

出格子の川面に月住む松の宿
川灯り岩松宿のてんやわんや
魚跳ねて岩松宿の別れ宿

豪雨の中、宇和島に向かう。砕石場に向かう津島坂はぬかるみにて難儀する。沢蟹が逃げる山坂は水路の有様であるが、修理を終えた相棒杖が頼もしく私を助けてくれる。一匹の蟹がどんぐりを鋏でかかえて、水路を運んでいる。その器用さにしげしげと見入る。いったいあのどんぐり運びの目的はなんだろうか？　単なる「遊び」であろうか？「遊びをせんとや沢の蟹」であるか？　蟹さんか学者先生に聞いてみたいものだった。

カズラのある山の休憩所で休む。豪雨はやがて細い糸になるが、風強く、小枝が道に散乱。ニコルさん達と再び出会い別れる。補強された相棒杖を見て、三人はひどく喜ばれる。

宇和の街路は強風が吹き荒れて、ヒョイとポリバケツが路上を飛び転がる。

夏遍路の時は離島航路の船着き場から船に乗り込み「純友《すみとも》の島（日振島）」などに遊んだのだが、今回は海近くの博物館に寄ってみた。展示物は少なかったが、宇和島の古い絵地図が興味深い。

宇和島城は城つくりの名人である藤堂高虎《とうどうたかとら》の築城であったと初めて知る。

伊予国遍路　菩提の道（愛媛）

しかも当時の宇和城は「海城」であった。これも絵地図で初めて知った。すると、現在の市街地の大半は埋め立て地ということになるのだろう。

日本は平地が少ない。そのせいもあるが、江戸時代以降、近代、現代と海辺の埋め立てなどの土木工事にはすさまじいものがある。海岸線や渚《なぎさ》や干潟はどんどん埋め立てられ、ほぼ死に絶えていく。地権者なども少ないので、わずかの札束で事は進むのだろう。

その昔、祈りや出産の場であった渚はおおよそコンクリ漬けにされ、海の彼方からの寄りモノ達はコンクリの岸壁にぶつかり砕ける。もっとも最近は大量のプラスチックゴミこそが、海辺の寄りモノであるが。今回の三陸のような大津波ともなれば、巨大なコンクリ仕様の堤防さえ、ぶち壊す破壊力だ。この国の岸辺はますます「強靭なコンクリ要塞海岸」と化すことだろう。

干潟や潟地に住む渡り鳥や貝達は細り、「渚」や浜辺は遠い記憶の世界になってゆく。墓所もあり、儀礼の場所でもあり、「寄りモノ神」の漂着する場でもあった日本各地の渚。神々が降り立った海辺の景色。沖縄で見た幻影のような光景、白い渚に座りニライカナイに祈る女達の姿さえ、やがてはコンクリの上に座り、それらも消えてゆくのか?

そんな時に、マブイ（魂）はどこを漂い流れ、どこに辿り着くのだろうか。

コンクリに領され、埋め立てに具される。海辺と人の暮らしはますます乖離してゆく。大きなハブ港ではトラックやガントリークレーンだけが動き、人の匂いは遠くなり、立ち入り禁止の札が立つ。私はいつしか、そんな海辺ばかりを旅する漂流者になっていた。

壊れそうな漂流者が、壊れて行く日本の海辺を漂流している。なんと演歌らしいセンチな構図であることか。湊町○○ブルースであるか。捨てられてきたのは女や男の涙だけか？

日本中の海辺や湊は淋しいだけの風が吹く、そうして、私好みの世界になっていくのだ。

私達の時代は、自然界にとっては最後の受難時代なのだろうか。

やがては私達に降りかかる禍は私達人類が産みだした「最大最悪の寄りモノ」となるだろう。

「津波が来たら宇和島の町場はほとんど浸水します」と言う博物館のお姉さんの明確な言葉。

そのお姉さんが教えてくれた段石の町の「ジャガイモ話」の逸話を聞いて時を過ごす。

「今度行ってみます」「食べてみます」と約束する。消え去りゆくモノや地方を訪ねる旅を、老い先短い漂流人が訪ねるのも一興というものだろう。

翌朝、城に登り、和霊《われい》神社に詣でて、宇和の町を去る。

終日、風強き日なり。この町には心が残る。ゆっくり滞在したい町の一つだった。

宇和に入る始めや山割る砕石場
大ミミズのたうつ雨の津島坂

和霊社の橋の丸さよ旗も揺れ
船魂の社に手合わす宇和の旅
細首の花の可憐が咲く小道
宇和島の春に膨らむ城ひとつ

道の駅「みま」で休む。体調悪し、ぐったり。なんだかひどく、疲れてきた。宿に入るが、眠れず、悪戦苦闘する。本を読んだり、電気を消したりつけたり、苦悶する。隣部屋のイビキを数え、羊を幾千匹も呼んできたりするが、どうしても眠れない。ひどく疲れているのに睡魔は訪れず、足の痛みが背中に上り、這い虫のように動きまわり、布団に背中をつけられない。このあたりまで来ると、身体の弱いところが、必ず出てきて痛むのだった。これも歩き遍路のギフトであろう。不眠の夜は嫌な思いを追い払うのも疲れる。朝方、一時間ほどウトウトして目が覚める。眠れない真夜中に、フランスの遍路人ニコルさん宛てにメールを作った。結局は出さないのだったが。

ニコルさんに！
被災地ボランティア先の「流木杖」持つジジイ遍路者です。

有志一同

貴君同様に四国巡礼を震災一年目の、その日から、始めた者です。

原発事故で日本から逃げてゆく外国人さんも多い中で、日本に駆けつけ、ボランティアに汗流してくださり、本当に心からありがとうございます。私も被災地での日々で、多くの外国人ボランティアさんに出会い、一緒に汗を流しました。彼らの誰もが黙々と仕事を果たしてくれていました。

さらに、日本語のおぼつかない貴殿が、足をかばいつつ、補助杖にて、険しい遍路道を歩かれていることに心から敬服いたします。つい先日も私の流木杖を誉めてくださったあなたの瞳を忘れません。瞳の色は忘れましたが、「自分もこんな杖が欲しい」と、笑われていましたね。

「東北鎮魂」などと、杖に彫り付けていたのですが、私には、それは、大それた望みでした。

恥ずかしいことですが、それは、完全に私の自己満足でした。そのことが、この、四国に来て、すぐに、わかりました。祈りや悲しみや憎しみは、極めて個人的なものゆえ、祈るべき深さや事象が自分の中にないと、本当の「祈り」からは遠く、どうにも、嘘っぽいのです。

私の徳は薄く、元来、無信心者で、「東北鎮魂祈願」などは、仁徳ある坊さんや誠実者にゆだねるべきものでした。私は釘一本で棚や水道などを直している方が、手ごたえがございました。四国の札所で、祈るごとに「戻れ！」という声が聞こえてくるので、困りました。

「祈りなぞで、復興復旧ができるものか、お前の祈りや祈願など、嘘っぽいのでよせ！」という心の声があまりに強いものですから、鎮魂や復興祈願を願うことは、早々に止めました。

それ以後は、あの「折れ杖」だけをトントンと突いて、四国を歩くことに決めました。もしも、人間が他者の苦しみや悲しみを、自分のことのように感じる力があったら、この世の中はもう少し良くなっていたことでしょう。「にんげん」は、なかなか学べません。歴史の繰り返しが教えてくれています。自分事としてもそうでしたし、今でもそうです。この国の為政者はなかったことにして、またぞろ、原発も動かすことでしょう。先の戦争も水俣も原発も沖縄も、同じように、何かしらのお題目で、眼の届かない片隅に押しやり、風化され、捨て去られるのです。「忘れること」が得意な日本国です。貴国のフランスはどうですか？　この先、世界はどうなっていくのでしょうね。

自分のこれまでの振る舞いを考えても、「人間は学ばないやつだ！」と思ってしまいます。

貴方の名刺には「一歩一笑」とありました。「笑い」こそは、本当に苦しい時の力になるものです。確かに本当にそうです。つらい病気になると、身に染みて、「笑い」のありがたさがわかることです。笑いが、ひと時であれ、勇気を元気を連れてくれます。

今の私は笑いからは少し遠い世界の淵を歩いているようですが。

また、お会いすることができなくても、この遍路旅の続きが、貴君にとって「良き時」になること、願うばかりです。サポートのお二人のお心にも強く励まされました。

よろしくお伝えください。

折れ杖の男

古きものを継ぐ者達

早朝、朝霧が立ち、半袖ではひどく寒い。

長袖を切り落としたことを、はや後悔し、短慮に震えつつ歩む。これも自業自得なり。

赤鳥居の稲荷社が階の先に座す四十一番龍光寺《りゅうこうじ》の朝。参拝者がチラホラ。

参拝をすませると、墓所の横道を登り、四十二番佛木寺《ぶつもくじ》道に進む。睡眠不足のせいか、歩いているというより、浮遊している感覚で心もとない。歯長峠を越え、肱川の流れを逆行するように卯之町に向けて進む。川岸の畔でゴロンと横になり少し休む。さらに、この地の歴史文化博物館に寄り道。三時間以上見学。見ごたえのある博物館で、少し眠気が飛ぶ。

四十三番札所明石寺《めいせきじ》に詣で、卯之町の宿に入る。

伊予の卯之町も由緒ある古町で、小さな町並が美しい。散策していて、まことに楽しい。

早風呂を頂き、夕暮れ時に、もう一度、下駄ばきで「中町通り」の辻を歩く。

江戸期より学問の盛んなところだったのだろう、開明学校などの建物も残り、逃亡した高野長英が潜んだ家などが残っていた。この町で蘭学塾を開いていた二宮敬作を頼り、シーボルトの娘のイネも思春期に医者として学んだ町でもあるという。

青い目の少女が飛び出してきそうな辻が残る卯之町の夕暮れ。

「古い家のない町は、想い出のない人と同じである」と、誰が言ったのか。

下駄の音する散策が心に沁みる。久しぶりに古蔵のギャラリーで美味なコーヒーや甘いモノなど頂く。お世話になる松尾旅館の「つけもの床」も百年余という由緒ある宿だ。

遍路道中にこのような古い伝統ある美しい町に出会うことは、嬉しいギフトである。

こういう町があり、出会える喜びに浸る。

眠られぬ夜に数する群れ羊
佛木寺あくびばかりの朝の段
頼りなき遍路が歩めり畔の端
ふわふわと浮きし流れん老いの時
我が影の斜めも前も傾きぬ
世に隠るぎぼうしの庭旧き町
卯之町のイネに出会わん下駄ノ辻
長英の隠れし宿や花一輪
傾ぶいた土塀の先の赤煉瓦
黒塀の酒屋の膝に黒き猫
大門の小梅や青き実の香り
長英の逃れし町の甘み哉
三日月の細き舟漕ぐ宿灯り
旧宿や古雅の居住まい月灯り

「朝だけでも、給仕をしようと思っているのですよ」とおっしゃる松尾旅館の刀自《とじ》の漬物談義や司馬遼太郎氏滞在時の話などを興味深く聴く。この時代に、この卯之町で、大きな宿を経営してゆかれることの困難さや、ドイツに留学されていた息子さんが、宿を引き継いでくれたことや、それが、宿のことより町のことに一生懸命で困っていること、などなど、嬉しい愚痴をお聞きする。

そんな朝時間も貴重で愉しい。出立時に息子さんが、私の相棒杖をワザワザ写真に撮られる。「自分も被災地のボランティアに短い間ですが、行きました」とのこと。

刀自と一緒の写真に収まる。二人に見送られて、大洲に向かう。

卯之町の道中にて、学生さん達の挨拶に感動する。なんと、数百人から「おはようございます」の連射で、困ってしまう。この町では小学生のみならず、中学や高校生も、しっかりと挨拶が返ってくる。普通は高学年になると、気恥ずかしさなどもあり、挨拶などしないのだが、さすがに文化が根付いている卯之町だと感心。良き文化とは挨拶のひとつにさえ残るのだろう。

大洲《おおず》までの道のりを、花の美しさを捨句し歩む。

伊予の春旅は、ますます心地よい。私は多分、笑っているのではないかしらん。

どの庭も里の蝶呼ぶ花祭り

絹さやの細き巻き毛や紋黄蝶
蓮華畑花一反ほどの想い出ぞ
梨花や重治がこと思いだし
青白き野辺の銀河や韮の花
芝桜咲くやベッドのエクスタシー
たんぽぽの笑みより深く児の笑い
諍いの妻が泣いてる花水木
藪陰の人見ぬ花も散る定め
春の花迷える遍路も笑み行かん

大洲の宿に荷を預け、城や臥龍山荘《がりゅうさんそう》など訪ね「不老庵」にて川風に遊ぶ。
伊予は古き町が次々と続く。迷い遍路の功徳なりか。疲れた時は伊予国、でもあるか。

散る花や風に背押され大洲入り
城に寝て枕に聴かん昔事
肱川のくねる肢体や春水画

ひとときを川風となる不老庵
肱川の中州に鷺の羽流る
臥龍庵利休鼠の心かな
常世風川橋越えん旅の蝶
肱川の風の渡りを涼む蝶
小々波想い出流す川むこう

大洲を立ち、突合集落に向かう、終日小雨の中、十夜ケ橋に詣でる。

弘法太師が修行中に宿借るところもなく、「橋の下に寝た」という伝説の聖地だ。

「行きなやむ　浮き世の人を渡さずば　一夜も十夜の橋と思ほゆ」と歌った橋とか。

遍路さんにとって「橋の上で杖をついてはならん！」という歩き作法の謂れでもあるか。

この作法は高野聖らが広めた伝説でもあろうか、今もって遍路達に受け継がれている。

だが、ここの橋下の川はいただけない。ひどく汚れていた。濁水に住むコイが太った身体をグヨグヨと大群で寄せて、餌をねだる。ちょうど三年前か、この橋を渡る頃、民主党大勝のニュースが流れていた。「この国を変える！」の約束もむなしく、次の政権は原発事故さえなかったことにしていくようだ。多くの約束事は、政治屋や利権に群がる連中によって利用され、軽々と反古にされてゆく。しかし、この次を選んだのも日本国民である。

グヨグヨ太った鯉や汚れ水に政治屋や人間の腹を思う。


「土の道」を歩くのは、私にとっては贅沢時間である。

ベトンで固めたアスファルト道路が幅を利かせ、土の道はもはや「天然記念物」に近い。

セメントやアスファルトの道は私を疲れさせる。綺麗で便利で安全であるのだが、なぜだか疲れる。歩んでいると、それが本当によくわかる。固くて、はね返され、足裏が傷み、ふくらはぎや腰も痛み、最後には背骨が痛む。身体が硬直し、頭まで痛くなる。

足裏から遠ざけているのは、この星の大地の、何かしら大切なものではないのだろうか？

そんなことを土の遍路道は教えてくれる。

小雨のせいで、土の杣道《そまみち》はぬかるみ、靴は汚れるが、その土地独特のかぐわしさが匂ってくる。

野花が咲き、小道の脇には筍《たけのこ》が顔をだし、沢蟹が鋏をたて、道を横切る。蛇もくねる、ミミズものたうつ。蛙が鳴き、若葉が水に笑う。朽ち葉の足元からは微生物が香り、水溜りに春雲や青空が映る。遍路姿の私も映る。

土の道のもつ多様な交響曲は、今では捜すほどだ。私は満喫するまでゆっくりと歩む。

都会から、土の道が消えて久しい。泥土で巣をつくる燕《つばめ》が都会から消えてゆくのは当然であろうか。これは一つの感受性が消えてゆくということだけだろうか？

もっと大きなものが消えているのではなかろうか。道草を刈る農婦に出会う。

里山の自然はこのような人々の汗で景観も歴史も守られている。

黒鳥の泳ぐ駄馬池と思案堂の前を過ぎ、内子《うちこ》町八日市に入ってゆく。

古い内子の町には有名な「内子座」などあり、ゆっくりと見物できる素敵な町ではあるが、今回は行き過ぎる。夏遍路時に世話になった歯医者さんを通り過ぎ、小田橋を渡り、道の駅で休み、小田川に沿ってひたすら源流に向かう道を登る。

ここは大江健三郎氏の故郷の村に向かう路だったはず。「森の人」に出会いそうな山道だが、現在は立派な舗装道路がつづく。川辺の小集落がぽつぽつと現れ、傾斜地には狭い段畑が作られ、山はますます深まってくる。酷暑の夏歩行では、この小田川の水辺に下りて、幾度も足や身体を冷やしたものだった。

大瀬という集落の休憩所で雨具を脱ぐ。晩夏の頃、南に帰る燕が川に架かる電線にズラリ並んで止まっていた。そんな記憶が鮮やかに蘇る。まるで水彩画のようであった。この休憩所で、同じ物言いで、幾度も同じ言葉を繰り返すアルツハイマーのおばあさんと二人して燕を眺めていた。オバアの繰り返す言葉に、私は幾度もうなずいていた。

オバアは都会に出た子供のことを繰り返し話すのだった。
戻ってこない子供のことを、呪文のように。

歩み来て橋の下なる聖堂
ぶよぶよと太る世渡り汚れ川
捨て聖捨てえぬものの泳ぐ川
黒鳥の思案に首曲ぐ池の紋
桐花や野辺刈る朝の内子道
櫨路地の薄き灯りや内子町
谷の雨河岸に濡れん春の家
雨宿りバス待合所の蚊に食われ
子に与う羽音せわしき親燕
戻らない戻れない人川流れ

海賊の末裔達

柿の若葉は、口にほおばりたいほどの柔らかい色調で咲く。

ここ梅津集落の柿畑は段畑状にて、峠道を駆け上り、天に実るような光景がつづく。

小雨の中で、仕事をしているおじいさんに、柿のことを教わる。

「柿の甘味は、このような寒暖の差のあるところで、特別に育つんだよ。昔は値もよかったけど、今は安くて厳しいなあ。キロ単位で安い」

「ほら、あの樹で二年目じゃ、あれが四年。おれが生きとるうちに実をつけるかわからん」

「お四国さん！　祈っておくれ。早う、一個でも、二個でも大きい実がなるようにな」

「秋にまた、来なさい。寄りなさいよ。その時は美味しい柿をウント食べていきなさい」

「刀根、愛宕、松本早生、川登早生」などなど、柿の名を教えて頂く。

柿は日本の誇る果物である。必ず秋に来て食べようと、思うのだった。

翌朝、峠下の宿にて握り飯を作ってもらい「鴇田《ひわた》峠」に向かう。今回は農祖《のうそ》峠遍路道ではない方を選択する。昨日の雨は夜半にあがり、まばゆい春の陽が春山を輝かせていた。

石積みて天蓋柿の実る里

刀根愛宕柿の名教えし里も老い
小便の湯煙立つや登山口
緑葉の春に萌えだす峠道
ワラビ干しクレーやミロの線模様
奥山の紅葉が淵の魚速し
乳舟の橋に膨らむ八重桜
春風や瀬音に聴かん温み水

久万高原が眼下に広がる峠を下り、やがて町中に入る。

四十四番札所の大寶寺《だいほうじ》は杉林などの旺盛に茂る寺にて、森の中にいるようで落ち着く。

時間が余ったので久万高原町の美術館を訪ねる。期待をしていなかったのだが、良き作品群だった。長谷川利行の小品にひどく心動かされる。酔いどれ倒れて、上野三河島あたりで死んだ画家と記憶する。三河島は、私が東京に出てきて妻と住み、子供を授かった町でもあった。共同便所の六畳一間のアパート暮らしだ。私も、その頃は絵描きになろうと、東京に出てきていた。努力する才能も絵の才能にも乏しく、ただ悶々としていた。苦い三河島時代の私の記憶だが、生まれたての娘を抱いての楽しい家族の想い出に溢れていた。そんな苦い記憶の底から利行の絵が浮かびあがる。傷ついた人の筆づかいと色で痛い。

　この八十八寺遍路はよくよく考えられていると思う。

　四国遍路が準備したちょうど半分の地に、岩屋寺道《いわやじ》が配置してある。

　三年前の夏遍路の時に、農祖峠を越え大寶寺。さらに山峠を越えて、舗装道路に出て、そこから八丁坂を越え、遅い夕暮れ時に不気味な岩屋寺の崖路を下り降り寺に詣で、古岩屋荘にたどり着いた時に、完璧にノックダウンでへたばってしまった。その夜は、なぜか、全く眠れずに、悶々と、苦闘していたことを想い出していた。そのことを、今度の宿の女主人に話したら、真顔で、まっすぐに、私を見つめて、こんなことを言われた。

「それは、夏には厳しい行程だったね。三つの峠越えだ。大寶寺裏の峠道は、距離は短いが大変な道だし、八丁坂はこれでもかという胸突き八丁の山道だし、何より疲れた時に、しかも夕暮れ時に、あの岩屋寺の岩場には絶対に近づかない方がいいのさ。四千五百万年前の大岩が御本尊さんみたいなところだ。昔からの行場だからね。強い霊的スポットなんだよ。疲れたり弱ったりしているとね、必ず霊はついてくる。だからね、〝役〟も落とす代わりに、ついても来るのさ」

「みんなは、宿に荷物預けて、朝から行場に向かうのだよ。一番元気な状態の時に、あそこに行くんだ。あんたは間違っていたね」

霊など本気で信じていない私だが、確かに夕方時のあの岩場の道を、怖れつつ歩んでいた記憶が身の内に湧き上がってきた。得体の知れない恐怖が襲ってきたのはヘタレ弱虫のせいだけでなく、強い霊が背中に乗ってきたからなのか？　確かにあの日の恐怖は身の内に落ちてきたのだったが。

なんとも言えないが、今回は教わった通りにする。まずは朝に岩屋寺に詣でて、それから行場の道を登り、八丁坂に向かう。途中でニコルさん達にまたまた出会う。双方ひどく喜び手を差し伸べる。

鐘撞いて羽虫の踊る春の寺
御影堂にその影問わん旅の時
想い出の棘刺す旅や遍路寺
どの人も倒れ伏す場所知らず行き
それぞれの胸突き八丁人の坂
落ちかかる岩屋の崖や世の如し
手を合わす祈りのほどの幸不幸

三坂峠に向かう。だらだらと続く車道を避け、横道の農道に入り長い畔の坂を登る。連休も近く、里帰りの家族が子供同伴で田んぼに出ている。最近ではその光景さえ珍しい。途中「仰西渠《こうさいきょ》」に立ち寄る。岩盤を刳り貫いた灌漑水路の跡だ。現在も用水がふくいくと流れ、見応えあり。こうした灌漑水路設備の悪戦苦闘跡は日本のあちこちに残る。

一滴の水が稲や作物にとっての命であれば、水は民の命を支えている大事な源泉だ。

水や水路との格闘は人間にとって「命の戦」そのものであった。現代でも、アフガンの中村哲さんの事業などは、人と水と台地の「聖戦」でもあろうか。水道の蛇口をひねれば水が溢れる時代は近年のことだし、日本という国の恵まれた環境に過ぎない。世界は今でも水と大格闘している。アフガンやアフリカだけでなく、水は生き物すべての命のことだが、それも今や危うい。

東北の被災地では、うず高く積まれたペットボトルが被災者の壊れた「ひと部屋」を占拠していた。風呂の水などは、沢水を引いて、ドラム缶で沸かして入浴した。私はずいぶんと、その被災地の風呂にお世話になったし、私の少年時代も、水は沢から引いていた。祖父に連れられて水源の草刈りやら整備に出かけた記憶が甦る。世界は人口増加とともに「水戦争」に突入している。温暖化の時代に世界がどこに向かうのか、もう私には見当もつかない。人類にこれを止める行為はできないと思う。中国の大金持ちが水の湧き出る日本の山を買いにこようとする時代。アメリカの巨大な穀倉地帯の地下水が細る時代。保水する森林が刈られ、炎暑に焼き尽くされる時代であれば、弘法大師が杖で水場を充てられた伝説は、未来では、いかなることになるのだろうか?

おそらく札束の厚みが杖だろうか、それとも「技術」が汚水や海水を真水に変えてくれるだろうか。「少女」が叫ぶ声は届くのだろうか?

畔に来てゲームを捨てし泥の足
春うららうららの里の蝶を追い
タンポポの綿毛に似たる畔遍路
一苗の稲に仰西の渠のありぬ
田一枚春山映して笑いおり
一山を映して水の影流れ
行く春を花狂いせん遍路哉

明治三十五年に国道三十三号ができるまで、三坂峠は高知に向かう難所であったとの碑が建つ。当時の馬子唄に「むごいもんぞや　久万山馬子はヨ　三坂夜でて夜もどるヨーハイハイ

馬もつらかろ堪忍なされ— 三坂通れば雪降りかかる」と、ある。

確かにこの峠道はきつい急坂で、私の膝も笑うのだった。

正岡子規がここに友人と「初旅」に来て、ついにはへたばって、歩けなくなり、路傍に幾度も倒れたと、何かの本で読んだことがあったような、そんな記憶がある。

旧遍路宿の坂本屋さんのお接待に預かる。カマドを囲んでオニギリや蕗や煮豆を美味しく頂く。

まことに心優しいお接待に感激。「土日に、お接待やっているのよ！ 平日はなし」との声。「お接待をする」とはいったいどういうことであろうか？ ボランティア的な心？ 大師信仰の現れで自分の代わりに歩む人への代替え的ねぎらい？ 受け継がれてきた「炊き出し行為」の優しさの伝承？ 交流する魂のわずかなふれあい？ 昔の乞食遍路達にとっては、現代の路上生活者の炊き出し行為のように、命をつなぐ喜捨《きしゃ》そのものであったろう。とまれ、どの人の顔にも春の陽のような不思議な笑みがある。これも遍路の文化であろう。

私の「泣きイルカ杖」を、おばあさん達が「いいねえ。いいよ。うん、とてもいい」と、皆さんが誉めてくださる。誉められて、浮かれ気分で里道を下る。

網掛石を過ぎ、願い事のやたら忙しい四十六番浄瑠璃寺《じょうるりじ》に詣でて、長珍屋に泊まる。

お接待煮豆と蕗と里の小屋
お接待するも受けるも爺と婆
春浮かれ窪野榎や里小道
せめて春命を惜しむ道の草
人世ゆえ願いの多き浄瑠璃寺

朝より春雨。靴を濡らさずに歩く方法を宿のおかみさんや遍路さんに伝授するはめになる。商店のビニール袋を靴にスッポリかぶせてゴムで止める安上がりで簡単な方法だ。「まるで靴のコンドームみたいだな」の男遍路さんの応答に、おかみさんは頬を赤らめ逃げ出す。耕雨も過ぎ、一雨ごとに山や草木は春の輝きに満ち四十七番八坂寺《やさかじ》には見事な牡丹花が待っていた。その後は変哲のない住宅地が続くが、宅地の間に麦畑が時折現れ、ハッと目を覚まさせる。麦の穂先が雨に濡れて、実に美しい。

重住川の橋上では伊予の山々が眺められ、霧が出て幽玄な景色に見とれる。

腹が冷えたのだろうか急に痛みだす。腹痛さらにひどくなり、歩行困難になる。

四十八番西林寺《さいりんじ》にて、身体を丸めて長休みする。薬を飲み、足下に寄り来た猫を抱き、冷えた腹を温める。その後は痛みに耐えつつ歩み、なんとか四十九番札所浄土寺《じょうどじ》に詣でる。浄土寺には空也上人の像があるという。幼き日に故郷の山寺にて、口から念仏を吐き出している空也上人の像を見て、夜中にうなされたことがある。あれ以来、この上人はひどく気になるお人であった。

五十番繁多寺《はんたじ》に詣で五十一番石手寺《いしてじ》に着く。寺には「断原発」の垂れ幕が掲げられていた。

こういう問題について、堂々と意見を表に出している寺には、襟を正される。

ある年寄遍路さんが言っていた。「四国遍路のお寺さんは年間数億円も儲けて、今では駐車場でも金とって、税金もなくて、なんに使っているんかなぁ？　被災地への取り組みなどを、聴いてみたいもんだ」と。「戦時中はお国のためにと、青年らを駆り出す手助けに、熱心だった寺もあった」「昔はお寺さんと言えば供養だけでなく、もっと何かしらの、大事だったんだがなぁ？」と。

道後の温泉街付近はいつものように観光客で混み合っていた。少し眺めて行き過ぎる。

猫の待つ仁王の門や濡れ瓦
腹冷やし御堂の隅に猫を抱く
寺猫の線香臭き毛玉かな
生き物の温みに療さる老遍路

ずりおちて空也が法は果ての海
老さらばえて胸の骨なる業を吐き
春の雨麦穂に集う歓喜天
街寺の軒もしぐれる春の雨
経もなく歩み去りゆく寺門坂
傘さして白脛足湯道後の湯
白き脛湯泡に浮かぶまぶしさよ
湯も入らで道後をすぎる遍路人

五十二番札所太山寺《たいさんじ》に向かい祝谷地区の坂をだらだらと上る。

これから先、讃岐にかけては溜池の多く点在する地域となる。当地方の溜池は農業用水や水利調整池として管理されてきた地域の財産であったろうが、昨今の農業衰退や住宅地ブームなどで、役目が減じられてきているのだろうか、ゴミが浮き、富栄養化が進んでいるようだ。溜池には亀が多く散見され、彼らが池の斜面にゾロゾロとあがり、甲羅干しの春日和だ。近づくと、一斉にドオオオン！　とダイブし私を驚かせる。大池、草ケ谷池、石ケ谷池、奥池などの池が点在する谷町地区を水路にそって歩む。水路には白い花が咲き、春を謳歌する蝶が乱れ飛んでいる。

「あの花はセリの一種でしょうね。でも、食べられないのよ。数年に一度ね、池の堰を切ってドオーーンと水を流すの。もちろん池の魚も獲るし、この水路の土砂も一時にきれいになるんです。それは楽しい行事ですよ」

「行ってらっしゃい！　気をつけて！」

水路脇の住人の優しい言葉を頂いて歩む。確か讃岐では、池の水を抜くことを「ゆる抜き」と呼んでいたような。「池守人」の話とともに、このあたり一帯で一万個以上もの溜池があるという。嘘のような数であるが、それらの水が田畑を潤し、土地の暮らしを育ててきたのだ。人間の営みとは、まことにすさまじいものである。

五十二番札所太山寺の一ノ門を過ぎる。本堂までの道はひんやりと心地よい。太山寺本堂はシンプルで重量感があり、しかも、実に美しく優美だ。屋根瓦の風情がまことに美しいので、長い間見惚れていたら「国宝」とあった。そうでもあろう。良いものを眺めていると疲れがとれる。

古沼や亀の背温む日和かな
池守の水に散り舞う土手桜

どれほどに羽打ち振らん揚雲雀
右衛門や喜助や嘉丘衛の寄進段
鐘撞いて山鳩ばかり太山寺
ひっそりひんやりひとり山の寺

太山寺より山道を登り、海辺に出て、三津浜という地で宿をとる。

三津浜の宿の主人はステテコ一丁で出迎え、海の見える部屋に案内してくれる。

「そうやなぁ。子規も漱石もこの三津浜から、手漕ぎの小舟に乗って、沖の大型舟に乗ったんや。ここが伊予の玄関口。そういえば、昔はテープ売りのばあさんがいたなあ」

「今じゃあ禁止されたけど、あれはよかったなあ。ばあさんの小遣いにもなったし。幾らだったかなあ？　あの頃は風情のある豊かな時代だったのかもしらん」

「あの頃までは、ここらあたりも賑わいよったよ。良い時代だった」

「わざわざ、海の傍まで来て、ご苦労さんじゃ。海好きなんだなぁ」

翌朝、ステテコの御主人はキチンと軽服を着用し、わざわざ太山寺門前まで私を送ってくださる。

怖いお顔だが、なんという優しさだろう。御主人に別れ、和気の五十三番札所圓明寺《えんみょうじ》に詣で、海辺道を堀江港に向かう。もちろん「港オタク」の愉しい時間を過ごすためにだ。

堀江の港集落は立派な板塀家などもあり、「昔は栄えた」と地元の人に聞く。

「この堀江は呉への連絡航路もあり、国鉄の駅もあったから、栄えたんだよ」

「今はさびれたけどなあ。敗戦後は広島から、なけなしの着物などかかえて、多くの人が堀江に来よった。この港の前には交換所みたいに、闇市などの、あってなぁ、大根一本や芋のツルでもいいですから、服と交換してくれと多くの人が頼みおった」

「ピカドンもあって、広島は、それは大変じゃったんよ。食いもん求めてなあ」

「天気のよい時は呉の灯も見える。ここから、連絡船で一時間だけん」

「うん。このあたりでは、享保の飢饉では一万人ほど死んどる。幾度か飢饉があった」

「一文字の防波堤の工事もその時期は、中止になったんだ」

江戸時代のことを、まるで、昨日のことのように、話してくれる土地の人達がいる。

「ここは、河野《かわの》氏の末裔達の港町じゃけん、まぁ、言うてみれば海賊！　カ　イ　ゾ　ク」

「おれらは海賊の末裔だぁね。まあ、今でいえば、海の水先案内人やな」

「そんなん子孫がいっぱい住んどる町や。そんな港や。お四国さんも達者でな、ゆっくりな」

港の年寄達に教わるジジイ遍路は嬉しそうだ。港食堂の看板を眺めつつ、海沿いの堤防道を進み、大洲藩の飛び地であった港町「柳原」を過ぎる。中江藤樹の碑や虚子の像など眺める。

凧飛ばす五月の風や伊予の瀬戸
一文字堀江堤の昔事
杖伏せて水軍話干しヒジキ
どの人も北条河野の海賊か
海賊面虚子の句太し笑う春
工場の青帽急ぐ朝体操
海峡の春を釣りあぐ瀬戸の人
花冷やす五月風吹く栗井坂

「道」へのわたくし的参加

伊予北条に至る。この地は『夢千代日記』や『花へんろ』の作者、早坂暁さんの故郷である。地元の人に尋ねると「ギョウさん、ギョウさん」と実に、親しげに教えてくださる。ギョウさんの住まいであった「シヨウカン場」の場所を教えて頂くが、結局わからずに先に進む。

鹿島の前にて春雨が降りだす。小雨に濡れながら、海沿い道を歩み、「風早の里」という道の駅に立ち寄り、半島の鼻を回り、やがて浅海《あさなみ》を過ぎ、菊間の瓦を眺めつつ遍照院に詣でる。

この頃になると、淡々と、ただの「歩む人」になってゆくようだった。

ただただ歩くと言うだけで、何かしらの、ドラマチックな出来事が起こるわけではない。

独り歩む。一日を、ただ歩く、歩くだけだ。なんの変哲もない、生産性もない、歩みゆく行為の日々が遍路だ。ただの道の人になる。少し過酷をも歩む、過激だった炎暑の夏の道と春の道はとても同じにには見えないのだった。同じ遍路道を歩んでいるのだが、夏と春ではまるで別の違う姿を見せるのだ。そんな未知を歩みながら、時折訪れる思念や記憶を食べながら歩む。ギリシャの哲人は歩みつつ考えると言ったが、私は単にセンチになったり愚痴ったり、珍しいものに触発されているだけだ。多分何かしらの「幸せ」を見つける道標を探しているのやもしれぬが。

人生を理解しようなどという願望は、もう捨てていた。しかし、何であれ、この残りの人生を受け入れる勇気は持ちたいのだった。何かしらの意味あるものを探してきたのだろうけど、後悔も、できなかったことも、多くの出会いや別れも含めて、今の私の現住所はこの歩むことの道辺にあった。ただ歩むという行為であったが、それは先達が残した「道」に対する何かしらの持続であり、道というものが、多くの足跡によりつくられるという根源的な行いの連鎖の、わたくし的参加でもあった。未知の道に落ちている何かしらの、恩寵のように訪れるものに、助けられたりして、歩いている。多分、そんな遍路者であった。

それぞれの命鈴振るへんろ哉
鹿島社の雨に逃げこむ渡船場
島ひとつ隠してすべる貨物船
どの船が汽笛鳴らすや春の瀬戸
風早の道や遍路の歩の遅し
鬼瓦並べて待たん浜街道
あかしやの花房の道を迷い犬
帰る場所見失ってる海の端
星の浦五月の砂の温み雨
銀ねずの海に暮れなん瓦町
淡き風恋の痛みや矢車草
春暮れん花やへんろの鈴の音

老いひとつ無縁に向かう旅のさき
あかしやの花の故郷を捨つる旅

予讃線《よさん》「大西」駅前の宿に着く。宿のおかみさんが入り口にて迎えてくださる。

「お疲れ様、今日のお客様は、おひとりです、貸切ですよ。ゆっくりなさってください」と。

夕食時におかみさんと土地の話をする。

「ここ大西は来島《くるしま》ドッグと今治タオルでもっているような町です」

「今や造船は円高で厳しいです。そうですか、あなたは佐世保の人ですかぁ。では来島さんとは縁がありますね。造船は、一時はひどかったですねえ。それでもなんとか持ち直してきましたが、韓国や中国が安く船を作りますからね。競争が激しいんです。それでも品質がいいのが日本の技術です。品質ではどこにも負けない。タオルもそうです。そうなんです」

「一時期は皆さん、中国にタオル工場を持っていったけど、ほとんどが、技術教えて、機械も技術もまるごと獲られたようなもんです。皆さん、今では、引き上げられましたよ」

「昔はね、このあたりは貧乏で、学校にも行けん人が多かった。女衆はみんなタオル工場に行って働いたんです。家族や家のために一生懸命に働いた」

「お金持ちのお嬢さん達もタオル工場に行ったけど、それはお給料で、お花やお稽古事に使うためです。すぐにやめて結婚したりしてね」

「でも、貧乏だったせいで、長く勤めた人は、今では、一番裕福です」

「しっかり、年金もらってね、外国旅行とかも、きちんと行っている。ところがお金持ちの御嬢さん達は、年金もスズメの涙で苦しいねえ。人生は面白いです」

「来島さんは実に質素な人でした。あれだけの財産家なのに、決して贅沢はしない」

「本当に立派な人でしたよ。本当にね。今は、そういう人は、少なくなりましたねぇ」

故郷に長く帰っていない私には、なんだか、とても、懐かしい夜であった。


朝、おかみさんに今治タオルのお接待を受ける。

楠の巨木のそびえる辻通りを過ぎ、花曇りの道に出る。道中麦畑が黄金に実り、耳を切り落としたゴッホのことなど思いながら歩く。

五十四番延命寺《えんめいじ》に詣で、南光坊に向かう道で大谷霊園墓所に迷い込む。

数えきれない墓群が並ぶ墓所であった。墓石のひとつひとつに、どこで、何歳で死んだか刻まれてある。戦死者の墓碑銘も多く並ぶ。若い死者達が石標となって、延々と建つ墓群。その空間の異様さに身震いする。延々と続く死者の群れの連続。人は必ず死ぬんだ、と、教えてくれる墓所時間。躑躅《つつじ》の花が明るく満開で、墓所を色鮮やかに飾っていることが救いだった。

死者には花を育て愛でることはできない。そこは生者のための空間であった。

南島の子宮の形をした墓めぐりや、奈良の古墳巡りや、娘と旅したパリの日の墓散歩のことなど思い出していた。

戦世の若人冷たき石を抱き
人の世の墓ぞ淋しき名を刻す
何事なるや命の咲きて実るとは
命事問わん遍路の道遠し
あっちだよと指先固し標石
朧世の捨てえぬ命足重し
どの墓も明るき花を友とせよ
ぴいぴいと空十方の揚ひばり
杖打ちてまだあと少しと鈴鳴らす

五十五番札所南光坊《なんこうぼう》は今治の町中にある。ここは大三島にある大山祇《おおやまづみ》神社の別当寺である。

昔は、港までの路上に、いくつかの大鳥居があったと聞く。その「幻の大鳥居」の鎮座していた道を海辺まで歩く。港口に出たので大山祇神社まで船遍路しようかと迷いつつ、ベンチにぼんやり座っていたら短く眠ってしまった。春の海風が心地よい港口のベンチだった。

海峡の風たつ辻や別宮町
しまなみの渦に尋ねん春行方
海峡の橋やら船やらみなおぼろ
旅人の午睡を釣らん春港

今治港を後にして、広い街道を歩み、市役所前を抜け、学園通りの懐かしいチャイムを聴きつつ、郊外の五十六番札所泰山寺《たいさんじ》に詣でる。寺前の店にて好物の文旦を一個買う。やがて蒼社《そうじゃ》川にぶつかる。ここの標石は河をザブンと横切るようにと指を差している。昔の遍路達は水に足を浸して浅瀬を探し、渡ったものだろう。私も靴を脱ぎ蒼社川に入ってみた。五月の水は冷たく、長い時間足を浸してはいられない。渇水期といえば、冬でもあろうか。濡れた草鞋はひどく冷たく、重かったろう。船渡し賃がかさむことも心配であったろう。

昔の遍路が水杯をかわして旅に出たことは、これらの長い道中を歩いてみて、初めて実感できることだった。整備された道路や満足な宿やケイタイやバスや電車などの交通手段もない時代である。遍路行は「死出の旅」でもあり、浄土を願い、死に近く、大師の導きに沿って、巡礼の日々を歩む苦行であった。そんな人々が求めたものは何であったろう。歩き遍路はそれらをほんの少し偲ばせる日々でもある。

川細み渡る世わたり蒼社川
流れ来てどこに渡らん岸むこう
後生です命運ばん舟を漕げ
あの世にと渡し賃出す渡舟
渡し守命の重さに船を漕ぐ
この春の岸辺やどこの住み処
ますます漂泊の身の重軽さ

五十七番札所栄福寺《えいふくじ》に詣でる。ここには遍路道中にて倒れ死んだ「遍路押し車」がある。貧窮の遍路達は押し車に家財道具一切をのせて、ゴロゴロと四国の巡礼を続けて、ある時にもうこれ以上は押せないと、倒れ伏した後に残った、手押し車の残骸。その握り手のあたりのくぼみがへこんでいる。夏の終わりであったか、萩花にゆれるこの札所で、一心に祈っていた娘遍路のことが突然に思いだせた。「お遍路は私を強くしてくれました」と、その娘さんは白い歯をみせて笑った。その笑顔のとびっきりの明るさ、強さ。あの娘さんは今どの町で暮らしているのだろう。今も笑えているだろうか。春のこの道辺には、萩花の代わりに赤いサクランボの実が鈴なりであった。

氏子旗揚げて五月の青に入る
赤き実の春にこぼれし札所道
からころと荷車止まる朝のあり
何捨てん札所に願う命事
押し車持つ手の辺り凹みおり
なんとなれ命の軽さ願い札
人となれ道に倒れし春のとき

今治市街を眺めつつ仙遊寺《せんゆうじ》の急坂にとりつく。山門にたどり着くが、ここからが一汗である。心憎い坂が最後に用意されていた。地元では五十八番札所作礼山《されいざん》仙遊寺のことを「お作礼さん」と呼ぶと聞く。今日はこの宿坊に泊まる予定だった。今回の旅で、初めての宿坊体験だ。

伊予国遍路　菩提の道（愛媛）

「温泉と精進料理が有名だよ。一度泊まってごらん」と、道中遍路さんに教えられたゆえだ。

個人的には、民間の遍路宿に泊まり、少しでも長く「遍路宿の仕事」を続けてもらえるように、「宿泊して、応援すべし！」と思い定めているが、今回は「温泉と料理」の誘惑に負けた私であった。夜、寺の講堂から、今治の街の灯が瞬き見える。雷が光り、雨も落ちてきた。

早朝、宿坊宿泊の「決まり作法」である「お勤め」に出る。

説話の始まりに「どこから来られましたか？」と、住職さんが、遍路全員に問われる。

人影に隠れてやり過ごそうとしたが、順番ゆえに、見つかってしまう。私はまごついて「路上です。ここ数年は路上で暮らしています。家はありません」と答えると、堂内の空気が変わる。住職は「ものすごい返事がありました」と上手に、かわしてくださる。

熊オヤジを抜けると極楽天上界だった

五十九番札所国分寺《こくぶんじ》に詣でる。二メートル余の大石がゴロンと並び、礎石の切り込み石が春の陽に転がっている。この礎石上に六十メートル余の高い塔がスックと建っていた景色を想像して、ニヤニヤと笑っていた。国分寺からは麦畑の点在する国道沿いを歩く。栴檀《せんだん》寺を過ぎ、番外霊場臼井御来迎の湧水地に至る。この番外霊場は遍路達の泊まれる小宿ともなっているが、注意書きの札があった。「身元不明の放浪遍路はお断り」とある。身元不明の放浪者である私は逃げるように退散する。江戸期以降は四国を死に場所と定めてきた乞食遍路や病者遍路などの所在不明者対策に各藩は悩まされた。手形改めを厳しくしたり、歩む道筋を定めたり、宿泊した日付や場所を記した書類を持たせたりする法令が幾度も各藩から出されている。

安政の南海地震時には入国禁止とし、参拝などできず、明治の初めまで二十年余も土佐の寺々は閉じていたとある。幕末時期は阿波でも同様であったというから、遍路希望者にとっては、受難の時期もあったのだ。明治の代になっても徳島、香川、淡路島を管轄する「名東県《みょうどう》」《けん》は「四国順拝などと唱え、人の門戸にて立て食を乞う類」を「野蛮の風」と断じて、放逐命令を出していた。つまりは、身元不明者は、遊惰《ゆうだ》無頼《ぶらい》の者であり、自助できないものは、人間とみなされてはいない。接待文化も「姑息な私情」であると、禁止されたりした時代もあった。

どんな理由であれ、生活基盤をなくし、居住地を離れたものは、無産の輩であり、河原者であり、「遍路」を禁止し、来た道に追い返せということでもあろう。遍路とは生産を生まない無産の行為であってみれば、為政者にとっては迷惑で邪魔でもあった。

社会的弱者である現代の日本的「難民棄民」扱いと同様である。

宿なしの由来問う朝寺の経
人はみな一定風の住処なり
宿なしの行方は春の風に聞け
ひとつ身を風に宿する遍路かな

栄家旅館に泊まる。この宿では荷物を次の宿まで運んでくれる嬉しいサービスがあった。横峰寺《よこみねじ》の険しき道中を勘定に入れたサービスでもあろう。

早朝、背中にリュックがないせいで、妙にうすら寒い歩行となるが、何やら学生時代のピクニックみたいで、宿を発つ遍路も全員妙に愉しそうだ。

麓のコンビニでオニギリを買い、車道を登ってゆくのだが、途中幾度も腹を下し、山や沢に駆け込みズボンをおろし、苦しむ。なんともひどく情けなく汚いジジイの遍路だ。背中が痛んで、布団に背をつけられず、不眠とか、下痢したりとか、体調不良が連日連夜続くのだった。

昼の月カラスの集う麦畑

耳切りのゴッホに似たる麦畑
名も知らぬ華の春なる花語り
茶揉みして蓆の上の春も練れ
駆け下り白き尻見す沢の蟹
泡吹いて逃ぐる姿よ蟹の顔

妙谷川《みょうのたにがわ》沿いの道を横峰寺に向かって登る途中にて「変なオジサン（?）」に出会う。

それは尾崎八幡社の少し前の橋上だった。

そのオジサンは軽トラックを堂々と橋の真ん中に止めたままで、橋下を覗き込んでいる。

おもわずと、声をかける。

「何か？　珍しいものでもいるんですか?」

「おおよ！　川のオヤジがいるんだ。捕まえたんだ。川うなぎのでっかいのだぁ。スゴイでっかい。あのビクの中に入っとる。どうだぁ、買っていけ！」

「だめですよ。これからお山に登るんですから」

「大きいぞ！　めずらしいんだぞ。安くするぞ！　遍路特別価格だぁ。どうだぁ。買えよぉ」

のっけから強烈なオジサンのジャブだった。オジサンをよく観察すると、胸のシャツのボタンは掛け違え、酒の匂いもするし、髭も髪もボウボウで、熊おやじみたいで、ズボンのチャックさえ開放全開だった。酒息ぷんぷんで、ヒゲ顔をグイと無遠慮に近づけて、問うてくる。

「どこから来たんだ？」

「皆さん、そればっかり聞くんですね」とはぐらかすと、

「お四国は初めてか？」と聞く。

「いえ。二回目です」と正直に答える。

「ちゃんと納経帳にスタンプもらっとるか？」

「いえ。一度も、もらっていません」

「そりゃあ、バカじゃ！　そんな変なやつ、見たこともない。行ったか行かんか、わからんじゃないか」

「いいんです。自分でわかってれば」と答えると、

「お前は変じゃ、妙じゃ」ときた。そっちこそ変だ！　と言いたいのをグッと我慢していると、

「母ちゃんはどうした？」まことに無遠慮に、一番痛いとこを、キッチリどついてくる。

「別れました。それより、オジサン。ズボンのチャックが開いていますよ。中身が見えますよ」と、必殺カウンターで打ち返す。すると、

「おお！　おれの、ウナギを見るかぁ。おれのウナギは、ぶっとくて、元気で、外に出たがっ

とる。そのうえ、ワガママもんで、言うことききかん。こいつのせいで、俺は苦労する」

逆に、簡単に、強烈なカウンターを打ち返されて、こちらはフラフラ状態だ。さらに、その上に、

「あんたも、別れたのは、そのアンポンタンのウナギのせいじゃろ。ずぼしかぁ」ときた。

完全に、勝負あり。私は見事にノックダウン。

「ところで仕事は、なんじゃ？」と次がきた。

「会社をやっていましたが、部下に譲ってきました」

「ホウ、社員はいたのか？」

「はい。パートも入れて五十人ほど」

「そりゃあ、バカじゃ！　やっとりゃあ、金になるのに。両親や子供はどうした？」

「置いて、四国を、全国を放浪しています」と、観念して正直に答える。

「まったく、本物のバカモンじゃ。一生、四国を回らんといかんバカもんじゃ。おぬしは」

私はもはや、返す言葉もない。完全にダブルノックアウト状態になる。

「ところでお金貸してくれ！　あのウナギを買うてくれぇ！」

すかさず熊オヤジはとどめ打ちを放つ。私は大急ぎで、リングを下りて、引き下がるしかない。

「オジサン。ありがとう！　これからお山に登りますから、もうここで、失礼します」と、強制終了して、スタコラ逃げだす。

オジサンはまだ「金貸せぇ！」と言いつつも、遠ざかる私に、

「おおい！　カモーン！　忘れるなよぉ。また来いよー！　ここにウナギがおるぞぉ！」

さらに、

「元気で歩けえぇ！　また来い！　長生きしろよぉ！」と橋の上で叫んでいるのだった。

横峰寺への車道が切れる終点地には、沢水を汲みにきている車が数台あった。皆さん大きな容器に水を汲み入れて、持ち帰る様子。「ここの水は特別だ」と楽しそうだ。私も顔を洗い、水を頂き、さあこれからだ！　と、気合を入れて、本格的な遍路道に挑む。

途中、幾か所も大雨で崩壊し、急ごしらえで直した箇所がある。大水が出ると、横峰道は歩行不能になることが多いと聞く。背中のリュックがなくても横峰は難所だった。

六十番札所横峰寺に到着。すると、そこは、異次元、別世界の堂宇《どうう》光景であった。私は魔法の天上世界に飛び込んだ「ビックリマン」になるしかなかった。堂宇は「極楽天上界」とでも呼ぶべき華やかな世界で、歩き遍路は仰天するだけだった。

「パッ！」と花開く、華麗な、騒乱的、異世界だ。

堂宇全山、「お見事、御立派！」と言うしかない景観にしびれる。

シャクナゲの花のテンコ盛りの境内。ピンクや白の花の曼荼羅世界。それだけではない。そこに、白装束の遍路さん達の「大盛り、デカ盛り」状態が重なっていた。遍路と花々との、超過密、混合乱立、騒乱地帯がこんな山奥の寺にあったのだ。ワイワイ、ガヤガヤ、パチリ、パチリとカメラ音の大合唱。まるでここは、渋谷か新宿か浅草雷門前である。こんなに多くの遍路人が、忽然と、どこから現れたのか？　歩き遍路人には本当にビックリの世界だった。バス遍路の人々であろうが、春のバスツアー遍路さん達にとって、横峰寺のシャクナゲは「メインイベント会場」なのだろう。すさまじいばかりの春の霊場光景だった。

混雑大嫌いの私は、大急ぎで、逃げるように、山の静寂の中に消えることにした。

やがては静かな杣道に座り込み、「山賊にぎり」一個の昼食を済ませ、だらだらと山道を下る。

誰もいない、ひっそりとした「奥の院白滝」に着く。

ここの滝では、素裸になり、冷たい滝に打たれる。脱衣場がある行場だったが、以前に来た夏遍路時にはなかったような？　老人の記憶は曖昧である。

冷たい滝に打たれると、気持ちが引き締まる。高鴨神社に詣で、六十一番札所香園寺《こうおんじ》に向かう。

いちにちを横峰渡り杖と鈴
おもわずと松葉に転ぶ山の道
蝶も来て山賊にぎり山遍路
静寂をもぐもぐ食ってる森の時
みすぼらし肌に白瀧打たせおり
白滝やいっそ淋しき春に濡れ
打たせ水軽くなりしと笑い杖

背負わねばならない痛み

六十二番札所宝寿寺《ほうじゅじ》から八十三番一宮寺《いちのみやじ》までの道中は私にとっては大事な巡礼道だ。この道は夏遍路時に、別れた妻と一緒に歩いた道であった。二人にとって、最も苦しい時期の最後の逢瀬道でもあった。

その時の二人は、言葉も少なく、ただただ、黙々と、歩いていただけであったが。

この春遍路での不眠や背の痛さも、この道中に出会うストレスから来ていたのかもしれないと、初めて、ここにきて、感じている私がいた。

私は、ここに来るために、これまで、長く歩んできたのだと思うのだった。

この道は、再びと出会えぬ人に、記憶の底で会える道であった。

ともあれ、進もう！　今は前を目指そうと、歩みだす。

この痛さは私の背負わねばならぬものだった。


私達は、三年前の同行遍路を終えた後に、西の果て島に古い家を買いとった。

もう一度やり直そうとの決断でもあった。妻は最後の住み家を大親友が住む島に求めた。

広い敷地を持つ空家からは、海が見えて素敵な場所だったが、何らの手入れもされていない状態で、広い敷地も古家もリフォームするには大変だった。

私は半年余をその島に住み込んで、旧い家を修理し、水道を設置し、荒れ果てていた庭を整備し、花を植え、最後に、小さな車を買い置き、妻に別れの手紙を書き、その「家」を離れて、路上に出た。

薔薇植えて島を離れし五月哉
不眠して歩む遍路の春の道
花の名を伝えし君の声淡き
人の世に謝りすまぬ事のあり
細き手の我打つ夢や朝の明く
独り来て空の蒼さや吉祥寺《きちじょうじ》
背に重き荷のある人の歩む朝
行く春をどこに隠れんかすみ草
のだ藤の落下の朝や阿弥陀堂
古町の五月の燕低く飛び

六十三番吉祥寺《きちじょうじ》を過ぎ、石鎚神社に詣でる。この神社には遍路さん達はやってこない。広く静かな神社の朝を掃き清めている人がいる。神社の本堂広場からは朝の瀬戸内海が眺められ、水を張った水田や麦畑や西条市街地が眼前に広がる。瀬戸の海と島々が朝陽に輝き、車や電車が玩具のように静かに動く。朝の海は不思議な藍色に染まり、いくつものキリン（ガントリークレーン）が首を曲げ、工場プラントの建物がピカリピカリと光る。

石鎚山頂にあったという「鉄鎖」をなでつつ、前神寺《まえがみじ》に向かう。

六十四番札所前神寺には碑があり、そこには、こう書かれていた。

「かつて、この寺領は七里四方を有し、石鎚の根本道場であったが、明治の『廃仏棄釈』によってすべて没収された」と、その後の苦労のことが書かれてある。

さきほど訪ねた、広い神社の在りようを見たばかりゆえ、なるほどと、理解できる碑であった。

歴史の中には、このように、為政者の一方的な無法行為や敵対的な争いによる暴挙は数知れず、血みどろの戦になることも多い。キリスト教も、イスラム教や仏教も、革命組織や政権も、「組織抗争の壮絶なる悲話や戦事」は山盛りである。人間は自説の原理や正しさに固執し、他者を認めず敵対し、排斥する。力の強い組織はふくらみ、権力にすり寄り、かつ、すり寄られ、自らをさらに「正当化」する。カルトと化し怖いことも冒す。やがて、他の邪魔なものを「理由をつけて」排斥もする。遍路行の先々の寺院などで、いくつも見ることのできる爪痕であった。

いつになったら多様性を認め合うオープンな世界になるのだろうか？　日本にはその素地があるはずなのだ。なにせ「八百万の神」が混在する世界なのだから。

私などは無節操な遍路者だから、神も仏も、ともに参拝するのだった。

前神寺には寺の急な石段を一心に登る足の酷く悪い老人がいた。その老人の祈りは気の遠くなるほど長く、深い祈りであった。振り返った悲しい貌《かお》がどこを見るでもなく、此方を見つめていた。どこを見て、何を、願っているのであろうか？　私は彼から目を離すことができないでいた。

寺を後にし、武丈公園を歩み、加茂川のほとりに休み、西条市街を歩む。道中に王至森寺《おしもりじ》という寺あり、そこに金木犀の大樹があって、花の頃には四キロ四方が香るとある。

この寺に大憲上人の像あり、背が伸びる良き立姿であった。新居浜の旧街道を歩む。

鉄鎖固き冷たき朝の段
水底の淵より祈る老いの人
一心の祈り段なる札所寺
ひっそりと金柑落つる旧街道
神樹あり香り一里の散華かな
鉄仙の隣家を覗く辻古道
野茨の香り淋しき古道哉
薔薇一輪何処に行くかと我に問い

あっちだと指差す先や風ばかり
漂流者風の声聴く旅行方

土居の「いざり松」に詣でる。昔は四十メートル余も枝を伸ばしていたとあるが、今は枯れ果て、打ち倒れ、白い骨樹となる。まことにすさまじき枯姿にて、おもわずと手を合わす。

豊岡からは海辺に出て、燧灘《ひうちなだ》の海辺道ばかりを選んで歩む。

この頃には、ただただ、歩む人になれりか。土佐高知の海辺と瀬戸の海辺はまるで違う景色で私を迎える。

振り返り又会わんとやいざり松
枯れ松の骨なる冬もいざりゆけ
苗植えて五月の魚を釣る人ぞ
灘風や山駆けのぼる春の足
影踏んでなにやら痛し春の旅
うしろ山水田に風なす燧灘
二人して歩みし道や影ひとつ

まっすぐな人になれずや道迷い
また一つ大きな悔いが浮かぶ海
吾影や追いつ追われつ杖遍路
行く春や記憶の底の春も過ぎ
からっぽの人が歩めり春の道
みな海に還りつくころ老いし時
哀しみの羽化するまでの遍路哉

朝七時きっかり、伊予三島の宿を立つ。

峠道から振り返ると、市街が明るく広がり、プラント工場の煙が低く横に流れている。峠下の学校では、春の運動会でもあるのだろう。五月の空に万国旗がたなびき、やがて花火の音がパンパンと響く。六十五番札所三角寺《さんかくじ》に到着。伊予国最後の寺だ。

桜の枝振りなども美しく一茶の句碑などあった。こんなに遠くまで一茶は旅したのだったか。すでに桜は葉ばかりであるが、寺庭に咲く春の花々は清楚で冴えた山の空気が似合うのだった。夏の遍路では早咲きの桜花を妻と二人で珍しく眺めていた。

失くして初めて、その大きさや大切さを知るとは、いつも本当のことだ。

三角寺に別れ、やがて常福寺の「椿堂」に至る。

妻と別れてきた島は、西の果ての小島で、美しい椿が多く咲く椿島だった。

二人で住むつもりの庭にも、藪椿の木々が幾本も育ち、とりわけ大きな白椿の樹があった。

私と妻の最後の共同作業は荒れた庭を再生する仕事だった。

妻は花の大好きな、魂の深い、純で一途で一生懸命に生きている女人だった。

私は彼女によって育てられた一人の子供のようであった。

私は心を込めて精を出して、庭づくりをなして、別れてきた。

それとて、結局は、優しい人の切なる想いを踏みにじる、心無い行為であったろう。

春深み街に別れの灘の風
街離る背に花火落つ峠口
わすれもの見つからずとも行く春ぞ
眼を閉じて桜を捜す三角寺
山門の鐘に聴かんや胸の春
おい一茶我まだ旅の老い暮らし
痛しとて何ほどのこと薄き雲

大丈夫言い聞かせてる春の寺
谷里の雲流れ去り春流れ
いろいろのことありて坂下る春遍路

境目峠を越える。六十六番雲辺寺《うんぺんじ》でいったん徳島県に入り、そのあとすぐに讃岐、香川県に入ってゆく。旧池田町の三好市に入ると、大歩危小歩危まで十二キロとの看板がある。

四国の背骨に近づいていく心地する。これから登る雲辺寺は八十八ケ寺巡礼で一番高い山寺である。佐野という集落を過ぎ、山道の登り口にある集会所で休む。

夏遍路時には炎暑の日差しを避けて、ここで横になっていた。当時の妻は、私との諍いのせいで十キロ余も痩せ、軽い寝息を立てて、集会所の土の上で死んだように休んでいた。

私はその姿をまっすぐに見ることができなかった。

今日は近所で草刈りの音が高い。昼にはまだ早すぎるが、座って、パンをかじる。

ずいぶん速足で歩いてきたようだ。これより激しい山坂に入る。

どの悔いも旅に散りなん花野哉
祈りして悔いを慰む春の刻

椿堂祈りも遠き島の風
また一つ祈りを穢す願い人
ちぎれ雲流るる先に消えし春
雲近し梢の先も流るるか

歩む行為の先の出来事は定かではない。
だが、老齢の行先は実に定かである。

讃岐国遍路　涅槃《ねはん》の道（香川）

弘法大師の故郷と西行を歩む、
恨みと幸せの道辺の章

帰る場所が、家がない、だが、誰もが必ず「還る」場所は持っている
ここより何処に……迷える春の終い寺の行く末

世界はかくも美しい！

六十六番札所雲辺寺に詣でる。あとは長い山道を下るのみだった。

私はこの森の山道で心底、陶然恍惚となる出来事に遭遇した。

何かのドラマが起こったわけではない。春が用意した若葉達に出会っただけであった。

ひととき、生まれたての森の若葉達に迎えられ、その萌芽のミストシャワーを全身に浴びる幸せな遍路者になったのだった。

赤松の高さに負けまいとする細い落葉樹群が伸びて、若葉色のトンネルを十重二十重につくる森の小路が、そこにはあった。萌えたつ春の幼葉達は、色彩の合唱曲をそれぞれに奏で、この世界に生まれてきた喜びの歌を奏でていた。木洩れ陽踊る歓喜の気流。ひそやかに笑う緑葉の嬰児《みどりご》達。そよぎのトレモロ。森のピアニッシモ。幼子達の笑い声は、私の足を、幾度も幾度も止めさせた。春の陽ざしを受け、すべり落ちてくる生まれたての音楽家達のリズムとハーモニー。幼い若葉達が奏でる緑葉の柔らかい諧調と変調の組曲。

なんという美しさで待っていて、出会わせてくれたものだろう。

そのあまりの美しさは悲哀さえ伴い、私はおそらく涙しながら遍路道を歩いていただろう。

私はここ数年を、こうした天然自然に助けられて、漂流していた。

こういう世界に出会うために漂流をしている老齢ジジイであった。

これが、自分を再生する私の治療法であった。多分、私はこうした世界に助けられて、生き延びてきた。自然は祝祭の姿で私を解体させていく。

「世界は美しい」そういう場所に会いたくて、私は路上の人になり、歩く人になったのだ。

幼年時代に、祖父に置き去りにされた海辺や山奥の「原風景」が、ここにもあった。

遍路の至る所にこういう風景は落ちていた。

だから、私はこうして遍路道を歩いているのだと思うのだった。

とまれ、おもわずと、手を合わせ、祈りつつ歩いていただろう。

何を祈っているのか、この世界の修羅万象の神々がこうして落ちていて、そのかけらを拾うように歩み、祈っている小さき者の世界。そこに還っていくのだという促し。近代の私の煩悩や自我や欲がごちゃごちゃと蝿虫のように心や頭を占めて動き回る。それらを捨て去る「促し」が、こうした自然世界に祝祭や悲しみや苦悩の形で立ち現れて、背中を押す。

「お行きなさい。アルガママをお行きなさい。世界は求める人を待っている」と。

そんなギフト時間は痛い。哀しみが落ちてきて困ってしまう。

だが歩む道先で待っている。

だから歩む。歩いている。

若葉してうち重ならん佛哉
金剛の光のつぶて春の森
野辺にある佛は春の花暦
みどり葉や光の乳に生まれたり
あわあわと森のピアノの打音かな
葉脈のピアニッシモや春の道

陶酔状態のまま、若葉道を下り、そのリズムが途切れた頃であっただろうか。まだまだ下山道の険しい道中にて、団体遍路さんが四十人ほど、ゾロゾロと登ってくるのにすれ違う。山道で、多くの「遍路集団」に出会ったことに、私は正直びっくりしていた。背になんの荷物も持ってはいない集団だ。そんな遍路達ではあったが、すでに皆さん息が上がっている。歩きなれてない人や女性や、太り過ぎた人や老人さえも混じっていて、この先が心配になる。

「まだ頂上は遠いですか」と、幾人にも、吐息交じりで声を掛けられる。

「まだまだ先ですよ」と返すと、皆さん「ありがとう」と疲れた声を返すが、その顔はすでに歪んでいる。この先、大丈夫だろうか？　と、本気で心配になる。

おそらく頭上に広がる美しい若葉群などは、眼にも入らないだろう。ともかく雲辺寺までたどり着くと、下山ロープウェイは、あるのだったが……。こんな有様で最終時刻に間に合うか？


森道で、マジで、心配な集団遍路さんに出会い、別れた。


麓の遍路宿の「青空」さんに荷を預け、近所の「ネギ畑」の見学に出かける。

あまりに立派で見事なネギの育てられ方に、おもわずと見とれて、好奇心が刺激されていた。

ネギ畑で休憩中の農家の皆さんに無遠慮に交じり、お茶を頂きながら教えを乞う。

「ここは、ネギの種取りの専用の畑だよ。だから大切に、大事に、植えてあるのさ」の弁。

「なるほど」と納得合点する。それにしても実に立派なネギ畑につくづく見惚れてしまう。

「男ネギと女ネギを植えてあるけど、どっちが男ネギかわかるかな？」と突然問われるので、しどろもどろに、あてずっぽうに、背が低く、何やら雑な植え方の方を指さしながら、

「不細工な方が男ネギかなあ。用が無くなったら、もう男はいらんのです」と答えると、すかさず、姉さんかむりの女性陣から「そりゃあそうだ！　いいこと言うねえ。さすがお四国さんだぁ。だてに歩んでないね。男はしょうもない」と即答。

女性陣は顔見合わせ、打ちそろって大笑い。男達は皆、苦笑い。

「花の時期は夏だね。その頃にまたおいで」と、別れる。


朝、「青空」の御主人より、昨日の「集団遍路」の顛末を聴く。

やはり、「雲辺寺の納経時間には、とても間に合わず、代理の人が、みんなの分をまとめた」とのこと。かつ、「ロープウェイの最終時間も過ぎてしまったので、特別に、無理に、頼み込んで、臨時運転をしてもらい、ようやくのことで、全員無事に下山した」という。

「よくあるんですよ。遍路の山をなめているんです」

「先導してゆく人だって、遍路の山は初めて、なんて人がいるんです。遍路の山は甘いものとは違いますからね。修行のための山ですから。そこが本気で、わかっていない」

「本当に歩いた人にしかわからない世界があるんです。団体バスの人達に多いんです。案内役に任せっきりでいるから、とんでもないことにもなるんです。時折電話がかかってくるんですよ。そちらに独り、山から下りてきませんでしたか？　なんてね。迷子になって山を下りてくる人とかもいて、私達は捜しに山登りすることさえあるんです」

民宿「青空」さんの御夫婦に見送られて、六十七番札所大興寺《だいこうじ》に詣で、観音寺市街に入る。

道中、奇妙な恰好で嬉しそうに畑仕事をする老婆に出会い、何やらこちらもひどく嬉しくなる。

一山二ケ寺の仁王門先に着く。

ここの大楠の老木も見事で、ひととき身を寄せ抱かれていた。犬に白衣を着せて参拝する巡礼さんあり。その犬の遍路服姿にバスツアーの遍路さん達は、自分のお参りを忘れて、犬の写真を撮らんと大さわぎ。インスタ映えと申しますか……。

畑に寝て草刈る老婆と揚雲雀
正直に生きしもの老い春菜摘み
野仏や枇杷の実温む里の辻
里村の老婆は春の笑み観音
これよりは讃岐に参る春小道
大楠に身をゆだねんや観音力
ポチ犬も白衣を着てる遍路寺
片足を上げて印する観音寺
寄る辺なき人のさびしき葱のへた

琴弾《ことひき》の八幡宮に詣で、海を眺め、松の枝振りの美しい有明浜を歩く。

誰もいない浜のベンチでウトウトと夢見する。やがて細い雨に目が覚める。

もう夢でしか出会えぬ人の夢であった。

橋のたもとで、おじいさんから現金のお接待を受ける。夏の遍路時も市内のうどん屋さんで、妻の手にそっとお金を置いてゆかれた老婦人がいた。それらのお接待は、どちらも観音寺の町であった。

財田《さいた》川沿いの道を歩む。曇天の朝に紫色の名も知らぬ花が無数に咲く。さやえんどうの一種だろうか？　名前を教えてくれる人は、今は、もういない。

やがて七十番札所本山寺《もとやまじ》の塔が見えてきた。

有明の松に舟漕ぐ観音寺
もう会えぬ人に遇えたり夢の旅
悲しみも一期のまぼろし命事
去りゆく風である遠き時である
春別れ家のなき人あてどなし

饂飩喰うて涙に揺れん観音寺
泣き空に塔も霞まん本山寺
塔の朝ラジオ体操雨しぐれ

「この世ならざるもの」の体験

七十一番札所弥谷寺《いやだにじ》では俳句茶屋に荷物を預けて本堂に向かう。

夏の時期、茶屋の御主人の話を二人で聴いていた時間は、もう戻らない。

「神戸の震災の後からだなあ。多くの食い詰め者が、どっと、四国遍路に来たんだ。家を失くした浮浪者が大勢やってきたんだよ。それまでは、どの寺でも無料で泊めたりしていたけど、彼らが寺で酒盛りしたり、さわいだりしてなぁ。最後はどこも、締めだしたねぇ。

それから先はご覧の通りさ、駐車場まで、お金とって、どうしたもんかねえ。ずいぶん儲かるだろうに。そろそろ元に戻さないのかなぁ」

今は、その私もひとりの浮浪者になって、茶屋に来ている。

長く歩んでいると「この世ならざるもの」の香りがする場所が必ずあった。

それらは化外《けがい》の聖域だったのだろうか。この弥谷寺も、何やら心のざわつく気配が強く、心冷える札所だった。近隣の真言宗の家では、人が亡くなると弥谷山《いやだにさん》に霊を伴うときく。死霊の宿る地であるか。寺内には賽の河原と呼ばれる参道もある。弘法大師が「眞魚《まお》」と呼ばれていた幼年期に、この大師堂奥にある「獅師の岩屋」で学問されたという場所に座していると、京都の東寺《とうじ》での皮膚体験を感受するようであった。

私が御大師さんに強い関心をもったのは、おそらく「東寺体験」であったろう。故郷を離れる父母を連れての旅の途中、弟の住む京都にて、寺社見物を思い立ち、京都駅近くの東寺を選び、父の車椅子を押して、何気なく立ち寄ったのであった。

だが、堂宇の中に足を踏み入れた途端、私は驚愕し、戦慄した。あれほどの、強く激しい寺院体験は東寺が初めてであったし、それ以後、二度と出会わなかった。それまでに、いくつかの寺社や仏像などは、好きで見てきたのだったが、この東寺での体験はまるで他と違った。美的感覚とかに震えるのではなく、名状しがたい堂宇空間の「総て」に、わが身が総毛立ち、縛り付けられた。言葉では説明できない「思想」や「イデア」みたいなものの空間的感覚であった。

仏像群の配置とその堂宇空間に凝縮された光や気流の全部が押し寄せてきて、苦しくなるほどだった。緻密で大胆で、隙間なく、明確に、見る者の精神に迫ってくる「何者か」であった。

何が迫ってくるのかは見当もつかないのだったが。この感覚はまったく初めてのことであったゆえ、驚愕したことを昨日のように身体感覚が想い出す。

それ以後、京都に行くたびに東寺に立ち寄ることが習慣になるのだった。足を踏み入れるたびにその感覚はいつも、初めてのように押し寄せてきて私をくぎ付けにしていた。高野山という宗教都市はこの空海の世界を天地自然の中に置いたものだと、高野山を訪ねて感じたものだ。四国八十八ケ寺の寺々では、そのような感受はほとんど望めないが、それでもかろうじて、いくつかの札所に、それは、わずかにあるようだった。

密教の世界がどんなものかを人に尋ねて勉強できるとは思わないが、東寺での「空海体験」が私を四国に連れてきたようでもあった。


道中知り合ったベテラン遍路さんと一緒に、番外の「海岸寺」を目指すことにした。俳句茶屋の主人が薦めてくれた海沿いの路であったが、二人して、迷うことしきり。このあたり、弘法大師の誕生地である多度津の屏風ケ浦あたりであろうか。

私の足は「海辺」を絶えず恋しがっているようであった。

路上漂流の暮らしの日々も私は海辺だけを彷徨っていた。

「好き」というのに理屈はいらないのであったが、時折どうしてだろうと思案することはあった。

結局は「私の細胞が、海辺にあると、喜び震え、やがて平らかに伸びて、泳いでいる」ということに理屈づけた。オタク者というものは何であれ、好きになると良いモノになるに過ぎない。

海辺に広がるあらゆる現象が好きで、そこに在る漁具や錆びたリヤカーや捨てられた長靴までもが好ましくなるのだったし、埠頭に吹く風を浴びたさに島々に渡り、流木や貝殻や石を拾い、独り遊びするのであれば、それは私の魂の欠片のようでもあった。波に削られ陽にあぶられ、乾いて白い骨のようで美しい流木に出会ったりすると、私の魂までも同化されてしまうのだったし、貝を耳にあてると時折風の音に遠い太古の時代の荒《すさ》みまで聴こえるようなのだったから。

私はこの遍路が終わったら、またその海の傍に戻ろうと思っていた。

春の陽射しに嬉しく迷う二人の老人。ベテラン遍路さんは地元の人に道を絶えず聴く。これが新しい道への挑戦方法だと教えて頂く。「どんどん聴くべし、恥ずかしがらずに、なんでもです。聴くことは知ることです」との教えだった。

途中、子供の守り神様として知られる津嶋神社に詣で、島に渡るためだけの参拝専用橋を珍しく眺める。一年に一度、八月の数日のみ、この橋は解放され、臨時の駅も設けられ、島に「御渡り」する祈願ありという。なんだか実に好ましい。

海岸寺の寺門には、琴ケ濱と大豪という相撲取りの像がまわしをつけて座していた。地元出身の力士なのだろうが、何やら明るく、面白き景色に、おもわず二人はニンマリ。

ベテラン遍路さんと七十二番札所曼荼羅《まんだらじ》寺の前で別れる。私は「西行庵」を訪ねる予定であった。

そんな私の「迷い遍路」を別れ際に祝ってくださる。

古池にそっと衣を脱ぐ蛇体
なにやらとくぐもり潜む弥谷寺
岩窟の奥に潜まる経の聲
迷い道迷えるほどに春に会い
虫集め賑わう花や多度津風
神の島お渡り橋の春ひとつ

西行の「命の問い」

曼荼羅寺を訪ねた折の西行の文にはこうある。

「曼荼羅寺の行道所へ登るは世の大事にて、手を立てるやうなり。大師の御経書きて埋ませおはしましたる山の峰なり。坊の外は一丈ばかりなる壇築きて建てられたり。それへ日毎に登らせおはしまして、行道しおはしましけると申し伝えたり。巡り行道すべきやうに壇も二重に築き廻されたり。登るほどの危うさ、ことに大事なり、構えて這い廻り着きてめぐり合わんことの契りぞありがたき、厳しき山の誓いみるにも」

現在の曼荼羅寺には西行の書くような厳しさはない。

むしろ、すぐ傍の七十三番出釈迦寺《しゅっしゃかじ》から捨身ヶ嶽の行場がそこにあたるように思われる。

この曼荼羅寺は大師の生家である佐伯氏の氏寺という。このあたりの土地を『わがはいし』と申しならいたる」とある。当て字だろうか「我拝師山」と、この寺の山号にあった。

出家した西行にとって、高野山にて過ごした年月は長い。弘法大師は心の拠り所であったろう。

ここ讃岐は、その大師の生まれ故郷という懐地であり、さらに、この地に流されて、非業のうちに死んだ崇徳院《すとく》への鎮魂の祈りを目的とし、庵をかまえた土地だった。

門先屋旅館さんに荷物を預け、おかみさんに「西行庵」までの地図を頂く。

地図を片手に西行庵に向かう山道を歩んでいると、「西行庵を探しています」と、タクシーに乗った女性軍団から声がかかる。運転手さんも見つけられずに困っている様子だ。

タクシーには、畑道の広い場所で待ってもらい、声掛けの女性と二人して、地図を頼りに、枇杷《びわ》やミカン畑の茂る細い農道を登る。小さな沼のほとり、竹林の奥に、ひっそり小さく西行庵はあった。村人によって建てられ守られてきたのだろう。古い五輪塔などあり、庵の前を小さな沢が流れ、俗世間からは遠く、静かな小屋であった。

「仲間とタクシー遍路をしているんですが、どうしても西行庵に寄りたくて。仲間は、まるで興味ないんです」と、女性がにこやかに笑う。二人して庵の中を覗き込んだりする。

やがて女性は満足し、友人の待つタクシーに帰って行った。

私は長い間、庵の周りをうろつき、やがて少し下った農道に出て、沼のほとりの見晴らしの良い場所に座り、下界の夕景色を、陽が暮れるまでぼんやり眺めていた。

西行がこの地にやってきたのは悲運の崇徳院の怨霊を慰めるためであった。

北面の武士であった頃より、歌を含め、崇徳院との深い交流は続いていたし、何より崇徳院がこうなることを、西行は予測さえしていたのかもしれない。

西行の目には争い事の先行きが見えていただろう。

西行その人の突然の出家は、現世の状況下での激しい決断であったようだ。

争い事の世界がキチンと見えていた。西行絵巻には、我が子を蹴落とし、泣きすがる妻を捨てる場面が描かれている。おそらくはこの時代の、卑しき、むなしき合戦や争い事を予見しての、仏門修行と漂泊歌人への選択であったようにも思われるし、密かに愛した「愛しい人」への追慕であったやもしれぬし、何より、歌への惜しみない追求があったろう。

小高い庵から見える讃岐の風景は春曇りの中で美しかった。

讃岐富士の先に、崇徳院の眠る白峰山があり、北には海岸寺あたりの多度津の海と市街が広がっていた。「怨霊となり、死してのちも恨まん！」と死んでいった、痛ましい崇徳院の霊を大師の力を借りて鎮魂せんと、この地を訪ね、庵を建て、祈ることとした西行の讃岐行だった。

いったい西行はこの淋しい庵に、どのくらい生活したのだろうか？

庵の戸にいくつかの歌が貼ってあった。

山里を　人来る世とは　思わねど　とわれることの　うとしなりゆく

住みけるままに庵いとあわれにおぼえて

今よりは　いとはじ命　あればこそ　かかる住まいの　あわれをも知れ

庵の前に松のたてりけるを見て

ここをまた　われ住み憂くて　浮かれなば　松はひとりに　ならんとすらん

「松」とは崇徳院の象徴である。ひっそりと誰一人訪ねる人もない西行の日々が見えてくる。やがて、旅心に動かされ、この讃岐の土地を離れるのだが、崇徳院は淋しく独りになるだろうとの切ない優しい歌である。口ずさんでいると、なぜともしらず、涙が出てくるのだった。

見下ろすと、平野の先の遠い海に夕暮れの茜が薄く流れていた。

王朝文化の歌人の中でも西行はひとり別人のようである。

昔に旅をした時、『山家集』一冊のみを持って出たことがあった。

西行にとって出家漂泊とは仏道修行に命を削るというものだけではなく、自分の追い求める「数寄」の「歌心」に、必須のものであったということだろうか。

西行の人間としての悩みの幅や存在の大きさは、いくつもの歌に散見する。「命の問い」に逃げ出しもせずに、深く厳しく問い続ける強直な精神は、ふやけた王朝歌人にはないものだ。

万物自然への尽きない好奇心。激しい観察と透き通った激情。漂泊の旅の日々での多くの出会い。「数寄」への挺身。季節と時代を自分の足一つで歩み続けた行人。芭蕉が本当の師としたのはひとり西行であったろうか。このような詩人をもちえた国の幸せを讃岐に来て思うのだった。

こころから　心に物を　思わせて　身を苦しむる　我が身なりけり
惑いきて　悟り得べくも　なかりつる　心を知るは　心なりけり
真鍋より　しわくへ通う　商人は　つみをかひにて　渡るなりけり
世の中を　捨てて捨てえぬ　心地して　都離れぬ　我が身なりけり
散る花も　根にかえりてぞ　または咲く　老いこそ果ては　行方しられぬ

早朝、夜明けを待たず七十三番出釈迦寺に詣で、捨身ケ嶽禅定峰の急坂を登る。私にとっては喘ぎ喘ぎの急坂だが、地元の人々は、スイスイと日課事にて登ってくる。御堂では一心に読経する人あり。ここは嶽が落ちてきそうな岩行場だ。

地下のマグマが押し上げた花崗岩だろうか、地球の背骨を見る思いに身がすくむ行場であった。

大師の伝説は皆の知るところで、「捨てる身や心」のことを想いつつ御山を下るが、「捨てる」ことはとても難しいのであった。
曼荼羅寺門前宿を立ち、七十四番札所甲山寺《こうやまじ》を詣で、善通寺《ぜんつうじ》に至る。

女人来てため息ひとつ西行庵
黒蝶の梢を渡る風の庵
笹風や音無き午後と昼の月
暮れなずむ讃岐松風雲流れ
野にありて獣のように死にたき夜
獄揺らす朝の声明御山立ち
蛇苺朝日に濡れし獄の蔭
遍路寺の朝や捨身に落ちかかり
獄の朝飯むしゃむしゃと喰い尽くす
手を合わす我が煩悩のなまぐささ
我が愛や我が身ばかりを恋しけり
身も捨てず自愛ばかりの老いの時

畑道に妻の背中を見失い
心経の胸に染み入る寺の朝
麦畑の虚空に浮かぶ捨身堂
一心に心寄り添う朝のあり
すべて無と言い切る風の調べかな
我が影を踏まん真昼の御影堂

私を離れない老いという連れ

空海の生誕地である七十五番善通寺に詣でる。東寺や興福寺の五重塔に次ぐ立派な塔を見上げて、ため息ひとつ。境内の見事な大クス樹のそばで長い時間を過ごし、やがて、足を伸ばし「金毘羅さん」に詣でることにした。そこも妻と歩いた道だが、あれから幾年経ったか。遠くて近い。

道中、黄金色の麦畑が悲しいほど美しい。二人して、この金毘羅（琴平宮）の段を登ったことを痛く想っていた。金毘羅さんは海の守り神様の総社である。「泣きイルカ」と名付けた被災地の杖鈴を必死に打ち鳴らしていた。ボランティアでお世話になった漁師さんに「讃岐うどん」など送る。

その日のうちに、琴平駅から土讃《どさん》線に乗り、「塩入《しおいり》」という駅で下り、東方に二キロほど歩き、「満濃池」に向かう。満濃池は弘法大師の土木工事現場で有名で、その池を見たさの寄り道遍路だった。県内一万四千ものため池の中で最大の大池で、下流の畑地を潤す大事な池である。

満濃池は池というには大きすぎる湖であったが、ここの灌漑工事を勧進したのが大師であった。当時の仏教者達は、土木工事なども統領するゼネラリストでもあったようだ。

大師以後も幾世紀にもわたり改修を繰り返した大池で、それほどの決壊事を繰り返したのだった。

池の森林公園を歩き、神野《かんの》神社に詣で、「かりん亭」の前のベンチに疲れて休む。カリンの樹をこの地にもたらしたのも大師だと案内板に記されてあった。

春の満濃池は連山を抱き、小波が立ち、静謐さに揺れていた。

好日や今日も明るき麦畑

畑一枚麦畑金毘羅揚雲雀

琴平の神馬春駒目脂駒
海神の段に願いの別れ哉
泣きイルカ杖振り首ふり鈴に泣け
海の道寄る辺のなさや春狂い
この胸の堰を止めなん池の水
吐水堰逃げる心のアヤメ花
春の日や動かぬものを欲しおり
満濃のかりんの花を待つ人ぞ

満濃池と別れて、川に沿って満濃町の農道をトボトボと下る。途中の自販機で道を尋ねた御老人がわざわざ軽トラで私を追いかけてくる。「娘を琴平に迎えに行くから、乗っていけ」と誘ってくださる。ありがたく琴平駅まで送ってもらうが、駅に娘さんの形跡はなし。疲れ姿のジジイを見ての、心優しい「お接待」であろうと推察。いつも、優しさは、痛い。

翌朝は五時前に宿を立ち、七十六番札所金倉寺《こんぞうじ》に詣でる。

讃岐富士の右方より朝陽が昇ってくる。私の影が、麦畑や民家の壁に長く伸びている。影絵姿の遍路がポクポク歩んでいる。老いの連れがいるような楽しい影絵芝居の道中だ。農産物直売所の入り口でおじいさん達が作物を持ち寄り、ワイワイと立ち話をしている。持ち寄った作物の中に立派なイタドリが一束「百五十円」とあるので、おもわず声をかける。「ここらへんでは、どんな食べ方するのですか？　私の小さい頃はいつも、腹ペコで、そのまま、ガブリと、かじっていましたよ」と言うと、「俺もそうだ、そうだ！」の老人達の大合唱が湧き上がる。「味噌につけたり、塩で食べたり、今は煮つけにしたりするなあ」との返事で、イタドリ論議で盛り上がる。貧しい時代に食べた野草の数々は、忘れがたい記憶だ。

こうしたことを多く想い出させるのも遍路時間のギフトだった。

イタドリや洟垂れ小僧の顔になり
イタドリの記憶のころや腹も泣き
昭和なる記憶の底の貧しさよ

葛原八幡宮に詣でる。三年前の遍路の時、曼珠沙華の赤い花が境内に咲き乱れ、一面は血のような「赤い海」であった。その景色を妻はいつまでもいつまでも見て動かなかった。

今は小さな露草《つゆくさ》が咲き、それは白く可憐な花をつけていた。露草は朝咲いて昼にはしぼんでしまう花だが、その葉のふところの中には、多くの蕾が用意されていて、その日限りの花だが次々と咲き続ける花でもあると教えてくれた人であった。

葛野来てうらみ葛原うらみ花
曼珠沙華赤き血を舞う彼岸花
動けずに花見る女と別れおり
春に来て白露草の小ささよ
どうぞして春まつ人や蛍草
春に来てわが身の始末花曇り

麦畑が多く点在する道を歩む。学校が近いのだろう、小学生が群れになって歩んでゆく。一列に進む子供達のランドセルが上下に揺れる。金色の道を小さい一列が歩む。その姿はまるで童画の世界のようで、私も一番後ろから、少し離れて歩いて行く。

最後尾の子供が振り向いて、小さく手をあげて笑う。私は痺れるように嬉しくなる。

七十七番札所道隆寺《どうりゅうじ》は誰もいない。誰も来ない。

太子堂のベンチに座っていると、無人のはずなのに「カンカンカン」と鐘打つ音がする。見回しても、人の姿はなく、墓群ばかりが建っている。しばらく観察していると、太子堂の鐘房が強風に揺れて、そのせいで、カンカンと鳴っているのだった。いたずらな春風は、いつまでもカンカンカンカンと願いの鐘を打っている。

麦畑を黄帽子あゆむ春のみち
我もまた児童の列と笠遍路
麦の穂の蝶になりゆくランドセル
麦畑の遍路や明るき風になれ
春風のさびしき打鐘や巡礼寺
命事問うて淋しき風の問い
亡き人も鐘うつ響き風供養
どの人も命一つの風すさび

「憎しみ」のことを考える「血の宮神社」

丸亀市内に入り、丸亀城前の公園で休む。夏の時もここで、二人して休んだものだった。天守には登らず先を急ぐ。今回は崇徳院の「血の宮」、高家神社などを訪ねる予定だった。七十八番札所郷照寺《ごうしょうじ》に詣で、門前の饅頭屋で餅を頂き、さらに先を急ぐ。今日の道のりは長い。瀬戸中央自動車道高架下の田尾坂公園藤棚ゲートをくぐり、「八十場《やそば》の湧水」までの旧街道を急ぎ進む。ここは坂出市の本街道筋だ。新町アーケードを過ぎる。懐かしい昭和の風情が残るアーケードだが、シャッターが幾つも下りている。多くの地方都市に見られる淋しい商店街なのだが「昭和」の香りが強く残る淋しい町筋がひどくいとおしい。ショーウインドーに私の遍路姿が浮かんでは消えて行き過ぎる。

　シャッターの閉じたる町の吹流れ
　我が影も何やら淋しアーケード

昼前に「八十場の湧水」に着く。ここ八十場は崇徳院が崩御したのち、都からの沙汰が下るまで、遺骸が腐らないようにとつけていた水場霊場だ。ここの水は金山から湧き出る霊泉であ

り、いかなる旱天《かんてん》でも枯れることがないとある。夏遍路の時は多くの人が名物のトコロテンを食べていたが、今日は私一人だけ。甘い蜜をかけて食べている。

給仕をしてくださった若い娘さんに「血の宮」高家神社への道を尋ねてみたが、首をひねるばかりだ。やがて店のおかみさんを呼んできてくれた。

「こんもりと二つの山があるから、そこが目安です。雄山《おやま》という手前の山の麓にまず向かうといいのです。途中で川を渡ります。血の宮さんは白峰山の登り口にあります。わかりやすいですよ」

「このあたりの平野は昔は浅海です。だから國分寺《こくぶんじ》まで麓の道を回り込む道があります」

「大丈夫ですよ。この時間に善通寺から歩かれてきたのは早いです、よく、頑張りましたね」

「血の宮さんに回るのはずいぶんと遠回りですが、なんとか、夕方には、國分寺に着きますよ」

「しっかりお祈りして来てください」と、励まされる。

おかみさんと別れ、七十九番札所高照院天皇寺《てんのうじ》と白峰宮《しろみねぐう》に詣でる。

なんとも、このあたりから、崇徳院の怨霊が息を吹きかけてくるような気配にたじろぐ。怨霊や霊などに、まるで疎い私でも、それとなく感じられるから不思議だ。まっ、思い込みだろうが。

讃岐のうどん店はいろんな場所にある。もちろん、畑中にもある。山奥にもある。こんなところで商売できるのか？　という場所にも「うどん店」はある。しかも、かなり繁盛している。今日は「てっちゃん」という店で昼うどんをおいしく頂き、春の道を先に歩む。おそらく、うどん用に小麦の改良なども進んでのことだろう。何事も工夫一途の美味であるかと名物を寿ぐ。あたり一面、麦畑の金色が実り、怨霊伝説の陰惨な気分を払ってくれる。綾川《あやがわ》にかかる雲井橋を渡る。雲井の御所跡とて、このあたりに御所があったのだろうか？「血の宮」の高家神社までの道を里人に聞くと、心から嬉しげに、私をねぎらってくださる。このあたりの里人は悲運の崇徳院を今でも大事にしている様子で嬉しくなる。ぽっこりした雄山の麓を過ぎ、やがて、麓の高家神社（血の宮）に着く。

王朝文化が消えてゆく最初の爆発暴発が「保元の乱」であった。そのあとは雪崩を打つように、武家時代に突入する。平治の乱、平清盛の平家隆盛、源平の合戦、承久の乱、多くの血を流す戦事が続いて、古い体制は引き潮のように崩壊してゆく。

その始まりが崇徳院の謀反であった。白河法皇と待賢門院珠子との間に生まれた不義の子である崇徳院。乱れきった陰険な関係と権力闘争。平氏や源氏でさえ親子兄弟が分かれ殺し合うという戦であった保元の乱は、アッという間に崇徳院側が負けてしまう。西行は自分の身の危険をも顧みず、負けた崇徳院の傍に駆けつけた。「身を捨ててこそ、身をも助けぬ」と、出家する心を院にも促したのでもあろう。

この世のことの、勝った、負けたの争奪戦を潔く捨て去り、負けたことの宿命を受け入れてこそ咲く歌の道を知る西行にとって、崇徳院が「勝負事の心」を捨てきれぬのであれば、おそらく地獄の煩悶に陥るであろうと予見していたのだ。

「捨てよ！　捨てよ！」と西行は祈っていたのだろう。讃岐の流罪地では、そのためであってほしいとさえ願っていたのは西行ひとりであったかもしれぬ。

配流になった時に西行は「都のことなど忘れてください」と、崇徳院に送るのだった。

あさましや　いかなるゆえの　報いにて　かかることしも　有る世なるらん
その日より　落つる涙を　形見にて　思い忘るる　時の間もなし
ながらえて　ついに住むべき　都かは　この世はよしや　とてもかくても

しかし、崇徳院は我執を捨てることはできなかったし、押し込められた孤独や絶望や失意に耐えることはできなかった。煩悶し、のたうちまわり、やがて身の内に毒がまわり鬼になっていくのだった。起こってしまった宿命は変えられない。受け入れるには、大いなる力が、許しが、愛が必要であったが、それはとても難しいことであった。恨みや怒りは生きるバネでもあるが自分を噛む毒蛇でもあった。彼が「怨霊」となるには、この先の仕上げがある。

流された崇徳院は、心沈めんと、また反省も込めて経巻など書き、慰め、懇願するのであったが、心は絶えず都事と自分の不遇の内にあった。都の鳥羽帝のために写経をし、納経を願いでたりするが、無残にも突き返される。

やがては、ささやかな、あらゆる望みさえ完全に拒否、拒絶され、怒り、悲嘆し、絶望し、果ては「悪鬼となり、魔道に落ちて、崇り神」になる道を選択する。

髪もそらず、爪も切らず、指を食いちぎり、その血で、崇りをなすべく地獄からの誓詞を書く。

ここに生身の「一匹の怨霊」が現出する。

当然「崇り」を恐れる者達は、彼を殺すことになる。

日本歴史の中では「崇り神」こそ、恐れるひとつの習俗ファクターなのだ。

大宰府の菅原道真などもそうであろう。この高家神社には崇徳院の遺骸を置いたという石があった。思ったより小さな石であったが、「おびただしい血が、この石に染みた」とある。

それが「血の宮」と呼ばれる謂れである。

この日の神社には、訪ねる人もなく、物音の消えた時間がひっそり重く過ぎていくだけだった。

血の宮の固く冷えたる石ゴロリ
憎しみの凍えたるもの爪の跡

私は自分が「良い人」だとはとても思えない。そんな部類の男である。おそらく恨みを買う側の人間である。自分の自我を守ろうとする卑しい毒が時に相手に対して強い言葉ともなり、周りの人に食らいつくことを知っていたし、そうしたことが多くの離反事を招いてもきた。今度の遍路にて、この「血の宮」まで足を延ばしたのは、そんな「憎しみ」のことを考えたかったゆえかもしれない。

別れることになった妻が諍いの最も激しい時期に、やせ細りつつ、悲鳴のように言った言葉がある。「私は今まで、人を恨んだことなど一度もなく過ごしてきた。どんなに貧乏で中学校しか卒業できなくて、理不尽で苦しいことがあっても、人を恨むことなどなかった。だが、今度は違った。あなたを恨んだ。恨みすぎて、悔しくて、その毒が私の身体の中を駆け回り、ギリギリと傷つける。眠れなくなり、頭までおかしくさせてしまう」と。

私は結局、妻から離れる決心をして、二人で暮らす予定だった「島の家」を捨てて、路上に出た。私は「逃げること」を決心していた。

「その方がいい。これ以上一緒にいると、さらに傷つけることが、今後も、多分、ある」

「もうこれ以上は、お互いに耐えられない」と確信して、以後の生活を「路上」に定めた。

私はそういう「不実な漂流者」に過ぎない。

私は性格においても行動においても、およそ加害者の側の烙印もつ小悪党的人間である。

妻が「ヒトデナシ！」と叫んだ言葉は「正しい言葉」で、私を追ってくる。

純粋な人を傷つけ殺すのは、何も行為という刃物だけではない。

「自分を守る言葉」は、相手にとっての刃物であった。

真実の愛を問う人に、私はたじろぎ、自信をもてずに、最後は逃げ出したのだった。


白峰山の裾道を國分寺に向かって歩く。神谷神社に立ち寄る。

さすがに疲れ果て、ヨロヨロ、トボトボである。今日は朝五時前の宿立ちゆえに、すでに十二時間余を歩いていた。麦刈りが始まっている野辺道を私の影がヒョロリ、ユラリと細く長く伸びて歩いている。そんな夕景色をトボトボと進む。この日は、この遍路で最も長い時間を歩いていた。もう、疲れた。疲れ果てた。と思う頃に八十番札所國分寺に着く。

とうに、寺の門限時間を過ぎていたので、宿に向かう。

宿は老いた遍路さん達ばかりであった。

面影の消せぬ道辺や影遍路
いちにちの影の長さを歩みたり
影踏んでどこまで歩むへんろかな
影ひとつ消えるまで行く旅の時
消え残る鐘の響きや國分寺
くたびれて宿かる夕べ洗い杖
残鐘の消えて夕飯宿の老い

早朝より白峰の山寺に登る。

八十一番札所白峯寺《しろみねじ》はバスや車の遍路さんが次々とやってきて騒がしい。

私は長い時間を崇徳院の墓所である「白峰御陵」で過ごした。西行が御陵地にて奉げた歌がある。

よしや君　昔の玉の　ゆかとでも　かからん後は　何にかはせん

西行は、こうして大師の生まれ故郷である讃岐の地を去っていくのだった。

西行にとって崇徳院は大事な存在であった。

自分に執着しないこと、生きて世界のただ中にある森羅万象に寄り沿うこと、明るい花ある世界の歌心に向けて、さらに生き抜くこと、を誓っての旅立ちではなかったろうか。

誰にでも起こり得る心のこと。崇徳院の内で院を殺した薄暗い呪詛《じゅそ》の世界から脱するには、「捨てることを学び続ける」ことだと。そうして西行はさらに豊かな「世界」に近づいたのではなかったか。誰にでもできることではないが。

御陵には、誰もやってはこなかった。少し怖いが春の陽気が明るい。

白峯寺の傍には「西行の道」とかが整備され、崇徳院と西行の歌碑を八十八基建ててある。建立した里人の心が偲ばれて嬉しくなる。いくつかの碑を口ずさみつつ「西行の道」を歩む。

おもいやれ都はるかに沖つ波　たちへだてたる心細さを　崇徳院
濱千鳥跡は都へ通えども　身は松山に音をのみぞなし　崇徳院
松山の浪に流れてこし舟の　やがてむなしくなりにけるかな　西行

あの夏の日のブランコ

根香寺《ねごろじ》への山道を急ぐ。木々の相が原始に近く深く暗き道になっている。背中を寒くするのは白峰を歩むせいだけではない。遍路道は原始の道を歩くものでもあるようだ。

白峰の白き砂岩や骨のごと
年老いてなにやら怪しき花語り
憎しみの果てなる地にも春の花
岸むこう修羅なる風の吹き流れ
魂深め祈り沈めん白峰寺
白峰の松に別れの春墓かな
再びと還らぬものと道を行け
はるばると尋ねん人と西へゆき
どの人もやがては白き風の骨
海山のあわいによせる風遍路

八十二番札所根香寺に着く。萌え始めの紅葉の楷《かいのき》が美しい。美しいものはなぜか悲しく痛い。

根香寺より少しばかり打ち戻り、五色台ミカン園から鬼無《きなし》の里に向けて下る。

この道はまことにすがすがしい天空の道だ。

高松市街や直島、豊島、小豆島などが、足先に雄大に転がっている。

そんな見晴らしのすっきりした道をクネクネと、下にと歩む道は心を軽くしてくれる。

晩夏の頃、二人して、アケビの種を飛ばしつつ歩いていたのだったが、高松駅で妻は列車に乗り帰っていった。二人で歩いた遍路道も、あと少しで終わりである。

私は二度と会えない妻に出会うためにこそ、この遍路に出かけてきたのだった。

そのことがはっきりわかる春遍路であった。

むなしける世坂の段の続く道
影ふたつほろほろ坂を転げ落つ
あかしやの花房に揺れん風ばかり

鬼無の坂を下りきったところに神高池《かんだかいけ》あり、その前に学校がある。

あの夏の日、その学校のブランコに妻はいつまでも座って揺れていた。

楠の木陰で私は妻を見ていて、悲しくなり、泣いてしまった。

その記憶は忘れられない一枚の景色になってしまっていた。

この日、ブランコを見ながら「さよなら」とつぶやいたら、本当に悲しみが溢れてきた。

去りゆく風になりしもの「さようなら」
これよりはひとりの旅ぞ風別れ
街に出て別れし時や風ばかり

八十三番札所一宮寺への遍路道は迷い路だ。

高松の市街地をクネクネと歩むのだが、絶えず「道標」を探していないと、どこに向かっているかを見失う。民家の裏やら田んぼの畔やら学校の横道やら、ガーデンセンターに入り込んだり、曲がったりと、忙しい迷路道だ。

夏の日、二人して、この道辺で、偶然に夏祭りに出会い、獅子踊りを見ていた神社を探してみたが、どうしても見つけることできなかった。そのことがひどく私を気落ちさせた。

成合神社の祭りであったのだろうか？　戻ってこないモノを捜してもさらに苦しいのだった。

一宮寺に詣で、疲れた足を引きずり、高松市内のビジネスホテルに滑り込んだ。

この日も長い一日であった。結願《けちがん》の寺まであと少しの行程だが、ひどく疲れていた。

翌朝、まっすぐに八十四番屋島寺《やしまじ》を目指す。

高松市内のいくつかの川を越すと、屋島の台状地形が見えてくる。

屋島は海抜ゼロメートルから二百八十四メートルを一気に登る壇上坂の珍しい地形だ。

御加持水のところで地元の人と話をする。

「この藪の山道を登ってゆくと上に出られますか?」

「ああ、出るよ。めったに誰も行かないけど。おれらも一度だけ登ったよ。私等は毎日屋島に登るけど、地元の人さえ、まず、登らない藪道だよ。ほとんどの遍路さんは、こっちの整備された道を行くな。樹にテープが巻きつけてあるから、迷子にはならないかなあ。それをたどっていくと、上の道に出るよ。多分ね」

乱暴なことを、どうしてもしたくて、御加持水横から藪山の中に潜り込む。

杖など、まるで役に立たない山坂だ。山土を舐めるように前かがみになり、木の根や枝をつかみ、足をかけて、汗を滴らせる。しまいには岩崖などもあり、厳しい難所崖だった。

この道を登りながら、おそらく「始まりの道」をつくる人はこうした苦闘にあえぎつつ道を歩み、やがてそれに続く人達が原野の道を切り開き、牛馬も歩み、安全で近くて良き道を慣らし育ててきたものだろう。道というものの長い歴史を想うことだった。

現代では一足飛びに車や列車や飛行機などで、道は時空を超えて一目散に目的地に着くのであるが、その土地土地にある豊かな世界を見ないで過ぎるにはあまりにもったいないのではなかろうか。高速な通信網に乗り、急ぎ「答え」をはじき出して、人間の本当の目的は何であったか？

忘れてしまうことが起こっている現代でもあるようだ。

獣さえ登れない道であったが、良き想い出となる。

その昔友人と二人で故郷の五十メートル余の未踏の山に酔狂で登ったことがある。二人とも切り傷だらけになり、数時間も要して道なき道を登ったことを思い出していた。その友人はメキシコに渡り、著名な彫刻家になっていると聞いた。四十年以上も前のことで音信は絶えていた。

やっとのことで、上のアスファルト道路に出て、寺への道をヨロヨロ歩いていると、この道を教えてくれた御夫婦が待っていてくれた。お礼を述べつつ、「非常に面白かったです。キツーイ山道でしたが。いい想い出になりました」と答えると、自分のことのように喜んで、道中の無事を祈ってくださる。屋島寺に詣で、瀬戸の海や高松市街地をぼんやり眺め、茶屋のイスに座る。
屋島台からの眺望は実に素晴らしくて、いつまでも見ていた。
茶店のご亭主は抹茶と葛餅と、まっ赤な薔薇一輪を添えてきたりするのだった。
香りたつ赤い薔薇で、目の前ではカワラケ投げに興じる男女が楽しそうであった。
私も投げてみたが、私にとって、それは淋しい遊びであった。

カワラ投げ海に向かいて捨てん悔い
過去捨つるカワラや足下に戻る春
春憂い赤き薔薇咲く抹茶椀
わが祖は西へと逃行く瀬川哉
迷い来ていちにち過ぐる旅遍路
いかばかり物狂いてや春の道
家のなき孤児のごとくに震えおり

茶屋を離れ、溶岩台地上に広がる施設や「血の池」などに見入り、眼前に五剣山と壇ノ浦瀬戸を臨む急坂を転げ落ちんばかりに下る。五剣山は良質の石切り場であろうか、山の姿を失くさんばかりに削られ、尖っている。下りきると、源平合戦の地で、那須与一などで有名な土地柄だが、今は住宅地になっていた。かつての屋島は名前の通り、島であったというが、今は陸続きで、浦には小魚が跳ね、海沿いの道には果樹や野菜や花が植えられ、のどかな岸辺景色だ。
夏遍路の時は彼岸花の赤と白が咲き競い「源平の花合戦」をしているようであった。

赤旗の瀬に流れゆく壇ノ浦
五剣山打ち崩してや切場哉
壇ノ浦与一が弓も夢の時
赤勝って白勝つ時も人は死に
夢の世の命に咲かん瀬戸の花
落人の西に逃げゆく波浄土
人の世や戦ばかりで春過ぎん

迷子のように歩む、皆既日食の山道

八栗山の麓のうどん店にて「ぶっかけ」を頂く。

こんな山麓のうどん屋でも食する人が多く繁盛している。「平和」とは本当にいいものだ。このあたり石屋稼業の多い坂を登る。良質の庵治《あじ》石の産地であるか。石好きの私はゆっくり見物したい場所などありそうだった。四国遍路の祖師とでもいうべき真念墓がある洲崎寺《すさきじ》だが、お参りすることを忘れて行きすぎ後悔する。戻る元気なく、登山口につく。

ケーブル乗り場を過ぎてからの急坂は「毛虫の坂」であった。桜の並木で大発生した毛虫が坂道に累々と落ちている。殺生しないで歩む方が難しいほど、多くの毛虫が落ちて這いまわっている。その重なりあう毛虫を踏みつぶして歩くことになる。靴裏で生き物を踏みつぶす気味の悪さよ。頭上の木々からは、絶えずポトポトと毛虫が落ちてくる。前を歩く女性が「戻ろうよぉ！　いやだよぉ。なんだよぉ。なんなんだよぉ」と、連れの男性の上着を頭にかぶり、飛びはねながら嘆いている。連れの男はその姿をニヤニヤ楽しげに見ている。

八十五番札所八栗寺《やくりじ》の境内では、珍しいことに「風車」を売る人がいた。

四国を歩いていると気に入った遍路宿というものが必ずいくつか見つかるものだ。

関宿《せきじゅく》といって、旅程の関係でどうしても、そこに泊まるしかない宿もあるのだが、何度でも立ち寄りたい宿もあるのだった。この八栗の「岡田屋」さんは、部屋の窓に揺れる木々のそよぎが最高なのと、何より、夜に外に出て見物する夜景の素晴らしさと、さらに御主人のサプライズのせいで、私のお気に入りの宿だった。

宿を少し出た坂上に、夜景の美しく見えるお気に入りの場所があった。なんとその場所に、今回は、ピカピカの大師像を座らせ「見晴らし台場」が新設されていた。三年前にはなかった「お迎え大師像」とある。夕食を頂いた後に、浴衣姿で外に出て、夜景を見飽きるほど見続ける。屋島の台状が黒く空を切り取り、その裳裾は市街に延び、町の灯は銀河の幾筋かを横に走らせ、ほどよく暗く、ほどよく輝き、冷たくキラキラと瞬いていた。

この清楚な瞬きはカンパネルラの世界のようで美しい。漂流の旅を重ね、多くの夜景を見てきたのだが、この清楚な瞬き加減は絶妙で可憐で美しい。ここに、大師像のおはしますは、心にかなうもので、本当に嬉しくなる。いつまでも見入っていた。

ぶっかけのうどんに春の麦こなれ
石割りて春の音する切場坂
歓喜天崖下に待つや八栗寺

風車五剣に詣ず春愁い
街の灯や瞬き細きものの降る
屋島台黒き喪裾の夜を敷く
月もなき地上の星や流れ街
人の世の明かりも揺れん闇灯り
街の灯や小さきものの瞬きぬ
御大師の迎えたる背に暗き森
淋しきは遠くの光見つる人
涙のごときもの揺れて乾く

岡田屋のご主人より、いつものように「サプライズの写真」を頂く。

そのタブローには真っ黒に日焼けした初老の歯欠け男が笑っていた。

「この辺まで来られると皆さん優しいお顔になられます」と御亭主の弁。

おかみさんに見送られて八栗寺を別れる。

特別なこの日は、薄曇りの雲が流れていたが、やがて太陽が欠け始めた。

それが、世紀の「天体ショー」が始まる予兆であった。曇り空のせいで、裸眼でも太陽が見

えて眩しくはない。山は薄暗さを徐々に増してきた。カラスが飛び込むように森に消えていく。世界は徐々に暗くなり、太陽はさらに欠けてくる。ついに「金環食」が現れ始めた。

遍路姿で出会う八栗寺五剣山道の皆既日食だった。背が冷える天体現象の山道を、とぼとぼと歩む。実に摩訶不思議な遍路時間となる。森は深く黒く沈んで、私は杖を突いたまま、鈴を鳴らし、地底に落ちて行く心地さえする。もう還れない。どこにも還れない。との声さえ聴こえる。私は道を見失った迷子の子供のように歩いていた。ジジイの迷子ならそれは認知症のジジイであろうか。私は暗闇の森道で、鈴をチリンチリンとならして歩む。

やがて、岡田屋のご亭主より資料を頂いた「六万寺」に詣でる。源平の合戦時に、幼い安徳天皇一行は、西に落ち延びてゆくが、三種の神器をかかえ、ここ六万寺を行在所《あんざいしょ》としたとある。昔は七堂伽藍を備えた壮麗な寺院であったらしいのだが、今は沼のほとりの小寺であった。

寺の眼前はのどかな田園景色で、丘上にある学校の坂道を、生徒達が前かがみに自転車をこぐ朝の時間。遅刻しそうな一群だろう、一心にペダルをこいでいた。

この頃には、天体ショーは終わり、明るい日光が差し込んで、世界は輝いていた。

春冷やす構造線の暗き森

金環食源氏ケ森の鈴の音
陽の剣月と遍路を刺し殺し
聴こえんか琵琶音も低き金環食
寺陰にひっそり座せる徳子かな
この先の命も昏き六万寺
何事も終わりはあると六万寺
源平の戦に昏き地軸あり
逃ぐる人西は海底浄土浜
白き朝アカシヤの道逃げ急ぎ

うどんの汁に混じる結願の雫

行在所湾《あんざいしょ》に出る。海は銀色に輝き、海辺の春風はどこまでも優しい。先ほどの薄暗き天体ショーが虚偽の世界のように輝く海辺の光景だ。港に立ち寄り、海に沿って歩いてゆくと、固い心もいつしかほどける。海のもつ不思議にいつものように助けられる。

海面を流れていた黄色の風船が風にあおられ、吹き上がり、閉鎖した製陶工場の煙突に向かって、ゆらゆらと飛んでゆく。土管の高く積まれた工場は潮風に朽ちてゆくばかりのようだ。

堤防では年寄りの釣り人が春の海に独り竿を投げていた。

ペダル漕ぐ朝に急がる在所寺
春海をいちにち釣りて老い暮れん
憂い事海に返さん春の浜
春風や志度湾浮かぶちぎれ雲
あと少し生かされてあり旅の人

あと三寺で春遍路も終わりである。心なしか宿無し漂泊者の気分が深まり戻ってくる。

今回の遍路旅には、次の目的地が定められているという安心感が絶えずあった。

まずは次の寺を目指すというものであったとしても、行く先が決まっていた。

この遍路が終わると、私には行先はない。「路上生活」に戻るだけだ。

帰る家を持つ人達の足取りとは、どこか違ってくる。

どこが違うと言われても困るが、足先が少し不安に揺れる。

そんな春遍路の残り時間であった。

八十六番札所志度《しど》寺には実にりっぱな仁王門が待っていた。この寺は、古くからの由緒ある寺のせいか、堂宇の広さや配置のおおらかさもあり、しかも塔があることで、張りつめた遍路気分が解体されるような、不思議な海辺の寺だ。海士族の末裔や海女の墓伝説もあり、結願《けちがん》に近いことも手伝い、ひときわ巡礼の旅心が揺れる。

ここの閻魔堂は死後の再生を願い参拝する人々が多い。四国の霊場の中でもゆかしい縁起をもつ信仰寺である。堂宇のベンチで時を過ごし、海辺の飯屋で昼を食べ、浪際の波石の上で五剣山を眺め、小波の歌を聴いて、短い午睡をまどろみ惜しむ。

もうじきこの旅も終わる。

海光る町に遇いけり旅のころ
塔の影春いちにちの淡き道
海凪や志度寺渡りの梢雲
補陀落の海女の潜みし死度寺哉
青海に五剣浮かべて午睡せん

あと少し遍路の夢を見し時よ
これよりは海に別れの長尾坂

八十七番札所長尾寺《ながおじ》に着く頃に、雨がぱらぱらと落ちてきた。
雨に濡れて堂宇の瓦が黒くにじんでゆく。
「ここは義経が妻の静御前が尼になった寺だってさ」との声が聞こえてくる。
源平の影がここにもあった。ひととき雨に濡れる堂宇を眺め、寺前の宿に入る。
翌朝、最後の寺、八十八番「大窪寺《おおくぼじ》」を目指して宿を立つ。
終い寺とて、ジジイはセンチになり、長い春遍路を幾度も振り返りつつ歩いている。
春遍路は花々に助けられ、歩み通した巡礼であった。

浜風に背中押されて長尾道
楠の大樹に逃げげん雨へんろ
尼御前静かに雨の降る堂宇
花に酔い花に惑いし春遍路
匂い立つ花それぞれに惑いあり

道ありて道にこぼるる花のとき
どの花も命輪廻の空に咲き
想い出や捨てえぬものと捨遍路
春の道何を運びし終い寺

お遍路交流サロンに立ち寄る。完歩記念の「遍路大使任命書」とかを頂く。最近は一年に三千名ほどが、完全完歩されているとのこと。昨年は震災があり、びっくりするほど少なかったとか。三年前は六千人とか聞いたようだったが。

遍路にもブームがあり、有名人が歩いたり、TVドラマになると急に増えると聞いた。

昔の写真や資料などの展示が面白い。阿波藩の通達に「遍路の輩に善根宿や食事を与えよ」との文や「女巡礼禁止令」や高松藩の「追払い令」など興味深い。

なぜ女性禁止か？　とセンターの人に聴くが「わからない」との返事。

「ただね、昔は知られたくない藩の事情などもあったのでしょうね。遍路の通る道を制限したりしていますからね。藍の種だって、秘密主義だからね。サツマイモなどの伝播も人の交流によって広がったから。遍路は人間の文化交流でもあったんですよ。それに、道中で死んだ時は持ち金の多さによって墓の大きさも決められていた。死んでからも、結局お金だったんです。

昔も今も人の世です。遍路も同じです」と。

また、この白衣が「仮の死の姿である」とは知っていたが、「結願の暁には『新しき自分』になり『新しい服』を作ることが多かった」などの話も興味深く聞くのだった。

交流サロンからの最後の道中は、三年前とは違えて「花折山の遍路道」を歩む。

女体山道から入ると、いつの間にか大窪寺境内に入っていて、「ああ！　最後の寺門にたどり着いたぞ！」の高揚気分はないのであったから、今回は花折道を選択する。

大窪寺までの道中、長野に住む御夫婦と里道を歩む。ブドウ園やリンゴ園などを造り、退職後の仲間とトライして「充実生活」されているとのこと。老いの秘訣など教えて頂く。熊野詣や老後のことなど、楽しく話される。漂流の途中で「遊びに行ってもいいですか？」などと尋ねる自分がいた。最後の寺とて、テンション高く、私は少し浮かれていた。行くはずもないのに、そんなことを聴く嫌な私がそこにいた。

八十八番札所大窪寺に詣でる。寺前の店にて「ほうとう」に似た「打ち込みうどん」を食べる。

ぼんやりと「ああ、終わったなぁ」の、感慨ひとつがうどんの汁に落ちる。

夏の時は相席の娘遍路さんが、赤い眼をして話しかけてきたことを思い出していた。

多分、誰かと、結願の感慨を分かち合いたかったのだろう。そんな娘さんだった。

「高知を巡礼していた時に、足を痛めて、夕暮れになって、予約の宿まで、まだ十キロも先で、でもタクシーにも乗りたくなくて、何でか意地になっていて、宿に電話して『食事はいりません、遅くなりそうです』と伝えたの。宿のおばあさんが電話に出てくれて、『いいのよ、どんなに遅くなっても待っているよ。あなた達は私の子供達と同じなの。だから起きて、待ってますよ。頑張りたいのよね。自分で頑張りたいのよね』って、言ってくれたんです。

私はボロボロ泣きながら、十キロ頑張って、夜の十一時頃着いたの。すると、宿の前で本当におばあさんが待ってくれていたんです。あの時はまいったなあ。おばあさんに抱かれて、わんわん泣いちゃったぁ。あれは、忘れられない私の宝物です。本当に遍路を歩いてよかったなあって、だからここに着いたら、もう、大泣きしました」

兎の眼をした、あの娘さんは、今頃どこで、どんなふうに、暮らしているのだろうか。

遍路の出会いは、記憶の中でも、なぜか強い印画紙になるのだった。

春追うて巡礼ひとつ花惑い
我が影も花に惑いて道の端
花折れの道を惜しみて終寺

草の穂に宿る心の衣かな
一蝶の森に隠れん終い坂
春遍路花曼荼羅の闇灯り
花遍路花に願いの結願寺
道々の花に尋ねし命ごと
惑い来て一酔の春大窪寺
背にかかる春や暮れなん終い鐘
終い寺ひときわ鈴音も淋しけり
旅蝶の行方定めぬ風まかせ
白衣脱ぎ新しき服やなに選ぶ
これよりは我が身の軽さ風衣

白鳥《しろとり》温泉の宿に休み、翌朝輿田寺《よだじ》に向かう。一番札所まであと少しの行程。門前にそびえる二本の椋《むく》の大樹に迎えられて、輿田寺に詣でる。

星越の峠や風の遍路道

月に出て峠を越さむ道の朝
鈴鳴らし猿に別れの坂くだる
父母に便りの書けし旅ひとつ
アイリスの花咲く里の道標

そして海辺に戻らんか

輿田寺から東照寺に詣で、海沿いの古き町「引田《ひけた》」に着く。

無人宿にリュックの荷物を預けて、和三盆の店を尋ね、父母に手紙を送る。

引田の町の赤いみゆき橋を渡り、神社をたずね、醤油蔵でコーヒーを頂いたりして、風待ち港の風情を楽しむ。夕暮れを堤防に座り、靴を脱ぎ棄て、足を投げる。

高知で買った靴下には、大きな穴が開き、東北のリサイクル店で買った靴底はいびつにすり減っていた。被災地の相棒杖の「イルカ」の背丈も短くなり、途中で二度ほど折れて、痛々しいほどの継《つ》ぎ接《つ》ぎに耐えてくれた。実に頼もしい私の「相棒」であった。

被災地の流木であったものに、「泣きイルカ」と名前をつけて、心経の文字を彫り付け、金剛杖としてきたが「良い杖ですね。お大事になさい」と、多くの人にいたわられ、由来を聞かれ、写真にさえ写された。「念が入りましたね。この長い道中で、よい杖姿になられました」と誉められたのであった。その「泣きイルカ」がひとり傍にあった。

「震災祈願」など果たせもせずに終わったのだが、この流木杖は良い姿に育ってくれた。

相棒である「泣きイルカ」を膝に寄せ「ほんとうに、ありがとう」と、声をかけ、二人して引田の海をいつまでも眺めていた。

折れ棒のひとり親しき友となり
お四国の背を打つ杖とも春別れ
うたた寝も杖と夢みし星月夜
春風の四国に別る泣きイルカ
流木の浪に焦がれん恋のごと
ちりりんと杖振る我や風になれ
風湊古きに溶けん和三盆
和三盆讃岐が口にほどけたり

みゆき橋湊蔵影春疲れ
べんがらの橋も夕波満ち暮れん
消え去らん海辺や風の巡礼者
おおいなる瞳を歩む遍路かな

夜。引田の宿にて、長期滞在している潜水作業員さん達の焼酎話に加えてもらう。

「被災地からも、いっぱい仕事の依頼があるけどなあ、危ないんだよなぁ」

「海の底が変わってしまったしなあ。おれは、直島から来ているよ」

「おお、そうだ。よく知っているなあ。ゴミで有名になった島だからなあ」

「遊びに来い。これが妹の電話だ。おれの名前を言えば歓待してくれる」

どこまでも純朴で、とろけてゆく良き働き人の夜と酒がふけてゆく。

朝。窓を開けると、川面をわたる風がそよぎ、小魚が跳ねる。

満潮になると海の水が上がり、赤い御幸橋の先の海が見える宿だ。

朝の早い潜水作業員達はもう仕事に出かけ、私一人だ。この春遍路の「最後の宿」を、私も立つこととする。香川県讃岐相生で海に別れて、県境を越えて大坂峠より阿波徳島に入る。

非舗装道路のペタノ谷から、卯辰峠を越えてドイツ館前に出て一番札所霊山寺に戻る。

「一番」に戻る峠の淋しさよ
駄馬道や木の間に消えん播磨灘
猿鳴いて県境の道別れ里
この谷の水田も痩せて狭き畔
捨て犬の見送る辻や痩せ瞳
逝くものの迅き風なり春遍路
家のない犬と遍路とさようなら

一番札所に戻り、車を受け取り、路上に出る。これから先の目的地、決められず。とりあえず、ともかくも「海辺」に行こうと、車を駆る。

迷われん心のままの辻の風
我が影や春蜻蛉の道に立つ
道行は花の奥なる受胎かな
家無しのいっそすがしき遍路ゆえ

行く先の捨句つむいで老いの旅

エピローグ〜別離という始まり

私の「春遍路」はこうして終わった。

炎暑に焼かれ、幾度も倒れた夏遍路に比べると、比較にできないほどの快適さであった。温暖化の炎に焼かれて、ゾンビのような歩行であった夏巡礼と同じ道辺であったとは思えないのだった。そんな遍路が長く続いてきたということは、四季を持つ日本の大きな祝祭事でもあったのだろう。

しかし日数はかかってしまった。道草ばかりで、時間も距離もずいぶんと長く費やした。

三・一一の震災浜に打ちあがった流木杖を頼みの「鎮魂祈願」の遍路旅であったが、「鎮魂祈願」にかなうほどの深く優しい心根を持ち合わせていないことに、すぐに気づき、あとは、ただただ四国の土を流木杖に吸わせるばかりであった。悲しみや救済や復興が、きわめて個人的なものであるように「祈り」も個人的なる心の所作で、「祈るべき魂の深さ」がないと、何やら嘘っぽく、恥ずかしいのだった。四国を歩き通して、八十八ケ寺に祈願するには、それなりの心にかなう「何かしらの深さ」や「切なる願い」のほどが試されるのだった。私の魂の薄さは身に染みていた。ゆえに、私は、私自身にとっての大切なものを通してのみ、歩むのだった。

人生はどんな形にしろ「喪失する日々」であるようだ。

やがてやってくるのは、生きている世界との「別離」であろう。

還暦を過ぎると、それらは決して遠くはない日々のことに思えてくる。

今日という一日の行為は今日に消える。

家族であれ、故郷であれ、愛であれ、仕事であれ、若さであれ、失くしてしまうことによって、初めて、どれだけ大切なものであったか知らされる。

それらは喪失した被災地に多く見られる景色でもあった。

だが、それらさえ、多分、やがては、いつかは、「想い出や記憶」の中に、それぞれのやり方で、少しずつ、なんとかして、その人なりの方法で、埋もれたり純化されたり固まったりして、最後は「時」に流され、「死」が消し去るのだろう。

いつもは、ただただ、やり過ごしている一日であっても、日々が、いかに大事であったか、「痛み」としてわかるのは「喪失」した時であるようだった。

気づくのはいつも遅く、痛みと同時に教わるのだった。

突然の津波や原発や事故や死別や生別でさえ、なんであれ、日常や大事な人を失くした者にしか、「失くしたものの愛おしさ」は、わからない。多分、人は、その人なりに、人生を学んでゆく。

人とは、なんだか、いじらしく可哀想な生き物のようだ。

なかったことにはできないことがあるのだが、都合よく、なかったことにして、理由をつけて、生きてゆくのも、人間であるようだし、くよくよと後悔したりもする。

あまりに大きい悲しみや悔悟だと、なかったように打ち捨てて、よけて通らないと、生きてさえいけない時もある。多分、私自身はそんな弱い一人である。

私は寺々で般若心経も唱えず、納経や願い札も収めない不良な遍路人だ。

「八十八ケ寺巡礼」は、「道々」を歩くための方便に過ぎない。

だが、しかし、どうやら、この歩む巡礼行に、いつしか深く帰依しているようでもあった。

「歩く」という行為を通し、日々に出会う自然の諸相を、私は淫するほど楽しんでいた。

雨であれ日照りであれ、峠や海や川や空や、風の声のそばで、心は「切ないほど」愉しんでいたし、強く頼みにもしていた。もの狂うように浮かれたりもした。

私は多分、歩みながら自分流に祈っていたのだろう。

小さな花々や草木や昆虫達、森羅万象の生命の営みが、置かれた土地で、咲き、謳い、死に、落ちこぼれていた。そこで、生まれ、咲き誇る季節の諸相を私に見せてくれた遍路歩行という世界のこと。彼らは、その土地の光と養分をともにひととき生き、私も、そこを歩いていた。私は彼らにこそ励まされて、歩み通せた遍路人であった。

多分、私はその時、一匹の虫に過ぎなかったのだろう。

家を捨て、路上に出て三年目の春。

悔過《けか》法要のごとき日々でもあったのだが、遍路を歩むことは、常より心を鎮めてくれること多く、さらに心深く、旅する人であった。

「ねえ君、ほら、僕は独りで歩いているよ。もう、多分、大丈夫だよ」
「そら、里村の入口に、片足の案山子が立って、出迎えてくれているよ」
「春の花が咲いて賑やかだ。きっと、誰にも笑える日がくるさ」
「海の声も聞こえてくるね」

私は、こうして、私自身を、少しずつ治療しているようだった。

これが、いつもの、私の治療法であった。

「なんとかなる。大丈夫！」と、遍路の旅は海山や空や風の声を返してくれた。

これからの「老い先の道行」を私はきっと、好きになっていく、と、今は思うのだった。

次は「秋」と「冬」の遍路道を歩いてみたいと、切望している私がいた。

海山のあわいを旅す遍路かな
匂いたつ花それぞれの惑いあり
逝くまでを踏み遊びせん鬼ごっこ

プロフィールに代えて

病院でレントゲンを撮ると「ずいぶん君の背骨は曲がっているね」と言われる。曲がっているのは背骨だけではなくて、根性も精神も行いもずいぶん曲がっていて、自称「不良の偏屈者、サレキジジイ」である。

サレキとは九州方面の言葉で「ふらふら者、ふうてん者、行方不明」とかの意味である。家族を捨てて、路上に出たのも、不良行為の果てである。

まあ、路上生活者のほとんどは何かしらの欠落を繕いきれずに、路上での暮らしを選択するしかないのであったろうが。

そんな私にもそろそろ、お迎えの時が近づいている。それが現住所である。

今ではジジイの私にも幼年時代も少年期も青年期も壮年期もあった。多分あった。

幼少年期に人間の基幹が作られるとしたら、間違いなく「迷子の鼻たれ小僧」で、母恋しのDV児童で、身近にあったのは自然豊かな海山の世界であった。それがあったがゆえに、本当に助かった。

老齢になってそこに戻って、遍路や路上者になったのは不思議でもないのだろう。青年期は思い出したくもなくて、「荒野」を目指す夢ばかりをみている風来者で、都会の隅々を、気弱なネズミのようにうろついていた。ただし、その時々に出会った人々は誰もが大きなギフトを与えてくれたのだが上手に学ぶことはできなかった。

やがて故郷に舞い戻り、何やらのサークルごとに熱中し、歌やら舞台やら、恥ずかしい限りであったが楽しくもあった。

そんな折にひとりの女性に巡り合い、意地汚くも食わせてもらいつつ（ひもの生活）、またぞろ夢など追いかけて東京に出るが、才能もなく努力もできずにズルズルと歳を重ねていた。家を買うという女性の決断時に食えもしない願望など捨ててしまうしかなく、本音は少しホッとしていた。

手に職能がない私は、家の近くの運送会社に就職するが、何やら私は奇妙な欲張りらしい。多分、私の性格は決まり切った規則や人に使われるのが苦手なのだろう。

「こうやればいいとか、こう工夫したらいいのに」とか、注文が多い厄介者のようだ。こういう人間がいるよね。だから首になったりする。

そうであれば、必然に、独立し、会社を立ち上げるような羽目になり、女房には苦労をかけ、周りはハラハラし、次々に関連した仕事を作り、幾つか店を構えたり、つぶしたり、人が増えて、さらに仕事や人事ごとに埋没し、少しは食えるようになったのだが。それが、果たして、なんであったのだろう。

父母は貧しい暮らしに苦しんだゆえに、少しは安心し、老後を過ごし、何事も飽きっぽい、サレキ者を褒めてはくれたのだが。

どんな思いで死んでいっただろうか。やはり、どこまでも、厄介な長男坊であっただろう。

私のブレーキが利かない性質は相変わらずで、気づくと家庭はバラバラになり、仕事に熱中し、やがて色恋事も始まり、妻は傷つき、私は修復もできずに、献身的に支えてくれた家族を失うことになった。

何事もバランスがとれない破綻者である。

そうして、やがては、仕事も家庭も捨てて、路上に出た。

元来、自分の持ち物や住居にさえ無頓着な人間であるゆえ、この先の老後はどうなるのか見当もつかない。

迷惑を、これ以上かけてはいけない。最近はそれを思案する老人だ。

それが、人生が連れてきたところで生きるしかない現住所のヨボジジイの姿である。

プロフィールに代えて

プロフィールなど書くとこういう風になる。
実にひねくれているジジイだ。
もう一度遍路など路上に出たいのだが、病んだ体が今は少しつらい。
夢は風吹く荒野に出たい。
死ぬまでは誰もが旅人であるか。

著者プロフィール

尾宮 謙（おのみや けん）

1949年2月14日、長崎県佐世保市生まれ。
E-mail　241418ken@gmail.com

どこまでも 我が影踏まん 遍路哉 漂流遍路者の捨句旅

2025年 2 月15日　初版第 1 刷発行

著　者　尾宮 謙
発行者　瓜谷 綱延
発行所　株式会社文芸社
〒160-0022 東京都新宿区新宿1－10－1
電話 03-5369-3060（代表）
03-5369-2299（販売）

印刷所　TOPPANクロレ株式会社

ISBN978-4-286-26225-3